BLAUE SERIE *leicht gemacht*®

Herausgeber:
Professor Dr. Hans-Dieter Schwind
Richter Dr. Peter-Helge Ha

Abgabenordnung

leicht gemacht

Abgabenordnung und Finanzgerichtsordnung für
Praktiker und Studierende an Universitäten,
Hochschulen und Berufsakademien

5. überarbeitete Auflage

von
Annette Warsönke
Rechtsanwältin
Fachanwältin für Steuerrecht

Ewald v. Kleist Verlag Berlin

Besuchen Sie uns im Internet:
www.leicht-gemacht.de

Autoren und Verlag freuen sich über Ihre Anregungen

Umwelthinweis: Dieses Buch
wurde auf chlorfrei gebleichtem Papier gedruckt
Gestaltung: Michael Haas, Joachim Ramminger, Berlin
Druck & Verarbeitung: Druckerei Siepmann GmbH, Hamburg
leicht gemacht ® ist ein eingetragenes Warenzeichen

© 2021 Ewald v. Kleist Verlag Berlin

Inhalt

I. Allgemeines

Lektion 1: Sinn und Zweck der Abgabenordnung............. 5
Lektion 2: Der Steueranspruch und steuerliche
          Nebenleistungen................................ 8
Lektion 3: Ermessen.. 20
Lektion 4: Verfahrensgrundsätze und Steuergeheimnis........ 23
Lektion 5: Fristen und Wiedereinsetzung 28

II. Steuerverwaltungsakte

Lektion 6: Was sind Steuerverwaltungsakte 32
Lektion 7: Wirksamkeitsvoraussetzungen,
          insbes. Bekanntgabe............................ 36
Lektion 8: Korrektur von Steuerverwaltungsakten............ 40

III. Einzelprobleme

Lektion 9: Verjährung 58
Lektion 10: Haftung 63

IV. Rechtsbehelfsverfahren

Lektion 11: Allgemeines 70
Lektion 12: Einspruchsverfahren............................ 72
Lektion 13: Klageverfahren................................. 83

V. Nebengebiete

Lektion 14: Außenprüfung 99
Lektion 15: Verbindliche Auskunft 105
Lektion 16: Steuerstrafrecht............................... 110
Lektion 17: Vollstreckung 116
Lektion 18: Aufrechnung.................................... 120

Sachregister... 126

Leitsätze * Übersichten

Leitsatz	1	Abgabenordnung (AO)	7
Leitsatz	2	Steueranspruch	11
Leitsatz	3	Verspätungszuschlag	13
Leitsatz	4	Säumniszuschläge	15
Leitsatz	5	Zwangsgeld	18
Übersicht	1	Zwangsgeld – Verspätungszuschlag – Säumniszuschläge – Verzinsung	19
Übersicht	2	Ermessen	22
Leitsatz	6	Verfahrensgrundsätze und Steuergeheimnis	27
Leitsatz	7	Systematik der Fristberechnung	31
Übersicht	3	Steuerverwaltungsakte	35
Übersicht	4	Wirksamkeitsvoraussetzungen Verwaltungsakt (Prüfschema)	39
Leitsatz	8	Offenbare Unrichtigkeiten	42
Leitsatz	9	Rücknahme und Widerruf	45
Leitsatz	10	Vorläufigkeitsvermerk und Nachprüfungsvorbehalt	48
Leitsatz	11	Änderungsvorschriften	57
Übersicht	5	Korrektur von Verwaltungsakten	57
Übersicht	6	Festsetzungsverjährung	60
Übersicht	7	Zahlungsverjährung	62
Leitsatz	12	Haftung des Vertreters nach § 69	65
Leitsatz	13	Haftung des Betriebsübernehmers nach § 75	67
Leitsatz	14	Haftungsbescheid	69
Übersicht	8	Rechtsschutz im Steuerrecht	70
Leitsatz	15	Zulässigkeit vor Begründetheit	71
Übersicht	9	Zulässigkeit des Einspruchs (Prüfschema)	78
Leitsatz	16	Weitere wichtige Punkte beim Einspruchsverfahren	82
Übersicht	10	Klagearten	84
Übersicht	11	Gestaltungsklagen	85
Übersicht	12	Leistungsklagen (im weiteren Sinn)	86
Übersicht	13	Feststellungsklagen	87
Übersicht	14	Fortsetzungsfeststellungsklagen	89
Übersicht	15	Untätigkeitsklage	90
Übersicht	16	Klagearten der FGO	91
Übersicht	17	Zulässigkeit der Klage (Prüfschema)	96
Leitsatz	17	Weitere wichtige Punkte beim Klageverfahren	98
Übersicht	18	Außenprüfung	104
Leitsatz	18	Antrag auf Erteilung einer verbindlichen Auskunft	109
Übersicht	19	Steuerstrafrecht	115
Übersicht	20	Vollstreckung	119
Übersicht	21	Haupt- und Gegenforderung	121
Übersicht	22	Aufrechnung	124

I. Allgemeines

Lektion 1: Sinn und Zweck der Abgabenordnung

Die Abgabenordnung (AO) stellt die „Spielregeln" im Finanzverfahren auf. Ihre Kenntnis ist erforderlich für den Umgang zwischen den Beteiligten (Steuerpflichtigen, Finanzbehörde und Dritten). Die AO ist auch wichtiger Bestandteil aller steuerrechtlichen Prüfungen, da sie zugleich als „Grundgesetz des Steuerrechts" Einfluss auf alle Steuergesetze hat.

Ergänzt wird die AO von der Finanzgerichtsordnung (FGO), welche die Vorschriften für das Verfahren vor den Finanzgerichten beinhaltet.

Ziel des Buches ist es, Ihnen anhand von Fallbeispielen einen konkreten Einstieg in AO und FGO zu verschaffen und – hoffentlich – auch Ihren Spaß an der interessanten und vielseitigen Materie zu wecken.

Die AO aus der Sicht der AO

Jedes Gesetz hat seinen Zweck, auch die Abgabenordnung. Die folgenden Fälle stellen Ihnen „die AO aus der Sicht der AO" vor, nämlich ihren definierten Anwendungsbereich und ihren inhaltlichen Grobaufbau.

▰ Fall 1

Als die Steuerpraktikantin P erfährt, dass sie sich die kommende Zeit mit der „Abgabenordnung" zu beschäftigen hat, fragt sie erst mal: „AO, was ist das eigentlich? Wofür brauche ich das?"

Die AO enthält als „Grundgesetz des Steuerrechts" die Vorschriften des Steuerrechts, die für mehrere bzw. alle Steuerarten gelten und kann so unnötige Wiederholungen in den Einzelsteuergesetzen ersparen. Sie kann damit auch mit dem „Allgemeinen Teil" des BGB im Zivilrecht verglichen werden.

▰ Fall 2

P möchte nun gerne wissen, für welche Steuerarten genau die AO gelten soll.

Die Antwort finden Sie in § 1 AO: Die AO gilt für alle Steuern und Steuervergütungen, die durch Bundesrecht (Art. 105 GG) oder EU-Recht (z.B. EU-Vertrag) geregelt sind und durch Bundes- oder Landesfinanzbehörden (Art. 108 GG) verwaltet werden (§ 1 Abs. 1). Sie ist ferner sinngemäß auf steuerliche Nebenleistungen anzuwenden (§ 1 Abs. 3).

Die AO ist somit das „Grundgesetz des Steuerrechts".

Übrigens: Wenn in Zukunft in diesem Buch ein § ohne Gesetz zitiert wird, ist immer die AO gemeint.

„Steuern", das ist ein „weites Feld", findet P. Sie denkt nicht nur an die „großen Gesetze" wie Einkommensteuer, Körperschaftsteuer, Gewerbesteuer, Erbschaft- und Schenkungsteuer, Grunderwerbsteuer, Umsatzsteuer, sondern auch an alle anderen Steuergesetze, die sie aus ihren Gesetzestexten kennt. Wo ist der Begriff „Steuern" aber genau definiert?

Steuern sind nach § 3 Abs. 1 Geldleistungen, die nicht eine Gegenleistung für eine besondere Leistung darstellen und von einem öffentlich-rechtlichen Gemeinwesen zur Erzielung von Einnahmen allen auferlegt werden, bei denen der Tatbestand zutrifft, an den das Gesetz die Leistungspflicht knüpft.

Fallen hierunter auch Zulagen, Prämien oder Subventionen nach den EU-Marktordnungen?

Nein, Zulagen (Investitionszulage), Prämien (Wohnungsbauprämie) oder EU-Subventionen sind keine Steuern im Sinn des § 1. Die AO gilt für diese nur, wenn ihre Regelungen in den jeweiligen Spezialgesetzen ausdrücklich für anwendbar erklärt wurden (beispielsweise § 14 InvZulG 2010, § 8 WoPG).

▰▰▰ Fall 3

P beginnt nun im Inhaltsverzeichnis der AO zu blättern, um eine erste Übersicht zu gewinnen. Warum tun Sie ihr es nicht gleich, denn nur so werden Sie mit dem Gesetz vertraut. Welchen groben inhaltlichen Aufbau werden Sie und P hierbei vorfinden?

Lektion 1: Sinn und Zweck der Abgabenordnung

Die AO ist wie folgt **gegliedert:**

1. Teil: Einleitende Vorschriften §§ 1 – 32j
2. Teil: Steuerschuldrecht §§ 33 – 77
3. Teil: Allgemeine Verfahrensvorschriften §§ 78 – 133
4. Teil: Durchführung der Besteuerung §§ 134 – 217
5. Teil: Erhebungsverfahren §§ 218 – 248
6. Teil: Vollstreckung §§ 249 – 346
7. Teil: Außergerichtliches Rechtsbehelfsverfahren §§ 347 – 367
8. Teil: Straf- und Bußgeldvorschriften und -verfahren §§ 369 – 412
9. Teil: Schlussvorschriften §§ 413 – 415

Diese Gliederung orientiert sich damit an dem 3-stufigen Besteuerungsverfahren:

1. Stufe:
   Entstehung des Steueranspruchs
   (1. und 2. Teil)

2. Stufe:
   Steuerfestsetzung = Konkretisierung der Ansprüche
   (3., 4. und 7. Teil)

3. Stufe:
   Steuererhebung = Realisierung der Ansprüche
   (5. und 6. Teil)

Hinzu kommen die Sanktionsvorschriften des 8. Teils

Leitsatz 1

!
Abgabenordnung (AO)

Die AO ist das „**Grundgesetz** des Steuerrechts".

Sie ist nach dem **3-stufigen Besteuerungsverfahren** (Entstehung – Festsetzung – Erhebung des Steueranspruchs) gegliedert.

Lektion 2: Der Steueranspruch und steuerliche Nebenleistungen

Der in § 3 Abs. 1 definierte Begriff „Steuern" begegnet uns im täglichen Leben nahezu unvermeidlich. Mit diesem eng verbunden sind die Begriffe „Steueranspruch" und „steuerliche Nebenleistungen", die nun erläutert werden sollen.

Steueranspruch

Fall 4
Der Steuerpflichtige K hat gegen das Finanzamt einen Anspruch auf Steuererstattung von 100 €. Das Finanzamt hat gegen den Steuerpflichtigen S einen Anspruch auf Steuernachzahlung von 150 €. Wie werden diese beiden Ansprüche genannt?

Es handelt sich um Ansprüche aus dem Steuerschuldverhältnis (§ 37 Abs. 1), nämlich um Ansprüche des jeweiligen Steuergläubigers auf eine Geldleistung (§ 3 Abs. 1). Steuergläubiger bzw. Steuerschuldner können dabei sowohl der Steuerpflichtige als auch das Finanzamt sein, je nachdem, wem der Anspruch auf die Geldleistung zusteht bzw. wer diesen leisten muss.

Entstehung des Steueranspruchs

Fall 5
K möchte wissen, unter welchen Voraussetzungen Ansprüche aus Steuerschuldverhältnissen, beispielsweise seine Einkommensteuer, entstehen. Helfen Sie ihm mit einem Blick ins Gesetz.

Ansprüche aus dem Steuerschuldverhältnis entstehen, sobald der Tatbestand verwirklicht ist, an den das Gesetz die Leistungspflicht knüpft (§ 38). Die Einkommensteuer entsteht regelmäßig mit Ablauf des Veranlagungszeitraums (§ 36 Abs. 1 EStG).

K fragt sich, ob die Ansprüche auch dann entstehen können, wenn er gar nichts von der Einkommensteuerpflicht seiner Einkünfte weiß oder wenn er dies gar nicht will.

Ausschlaggebend ist die objektive Verwirklichung der steuerlichen Tatbestandsvoraussetzungen. Wenn K einkommensteuerpflichtige Einkünfte erzielt, dann unterliegt er damit der Einkommensteuer. Unerheblich für die steuerliche Leistungspflicht sind somit die Kenntnis des K von der Erfüllung oder der Erfüllungswille.

K freut sich, dass das Finanzamt die Einkommensteuer des vergangenen Jahres noch nicht festgesetzt hat und für ein früheres Jahr noch keine Zahlung verlangt wurde. Ist er somit wegen der Entstehung des Steueranspruchs „aus dem Schneider"?

Nein, denn der Anspruch entsteht unabhängig davon, ob oder wann die Steuer festgesetzt (§ 155) bzw. Zahlung verlangt wird (§§ 220, 254).

Fälligkeit des Steueranspruchs

Fall 6
K interessiert, wann ihn betreffende Steueransprüche fällig werden.

Die Fälligkeit des Anspruchs tritt ein, sobald der Steuerschuldner K zur Erfüllung verpflichtet ist. Hierfür ist folgende Prüfungsreihenfolge zu beachten:

- § 220 Abs. 1: Regelung der Fälligkeit im jeweilgen Einzelsteuergesetz?
  Fälligkeit richtet sich hiernach.

  Falls nicht:
- § 220 Abs. 2 Satz 1 Halbsatz 2: Ist für die Vollstreckung des Anspruchs durch das Finanzamt ein Leistungsgebot (Zahlungsaufforderung mit Zahlungsfrist nach § 254) erforderlich?
  Fälligkeit entsprechend der dort bestimmten Zahlungsfrist.

Falls nicht:
- § 220 Abs. 2 Satz 2: Ist für die Verwirklichung des jeweiligen Anspruchs dessen Festsetzung erforderlich?
Fälligkeit frühestens mit wirksamer Bekanntgabe der Festsetzung.

Falls nicht:
- § 220 Abs. 2 Satz 1 Halbsatz 1:
Fälligkeit tritt ein im Zeitpunkt der Entstehung des Anspruchs.
Regelfall hierfür sind die Säumniszuschläge, die auch ohne Leistungsgebot vollstreckbar sind und nicht festgesetzt werden (Paragrafenkette Säumniszuschläge: §§ 240, 254 Abs. 2 Satz 1, 220 Abs. 2 Satz 1 Halbsatz 1).

Fälligkeit nach Einzelsteuergesetz? K möchte hierzu gerne „grob" die wichtigsten „Fundstellen" erfahren.

Einkommensteuer im Einkommensteuergesetz:
§ 41a Abs. 1 EStG (Lohnsteuer)
§ 37 Abs. 1 und 4 EStG (Einkommensteuervorauszahlung)
§ 36 Abs. 4 EStG (Einkommensteuerabschlusszahlung)
§ 44 Abs. 1 EStG (Kapitalertragsteuer)
§ 48a Abs. 1 EStG (Bauabzugsteuer)

Umsatzsteuer im Umsatzsteuergesetz:
§ 18 UStG

Körperschaftsteuer im Körperschaftsteuer- sowie im Einkommensteuergesetz:
§§ 31 Abs. 1 KStG, 37 Abs. 1 EStG (Vorauszahlung)
§§ 31 Abs. 1 KStG, 36 Abs. 4 EStG (Abschlusszahlungen)

Gewerbesteuer im Gewerbesteuergesetz:
§ 19 Abs.1 GewStG (Vorauszahlung)
§ 20 Abs. 2 GewStG (Abschlusszahlung)

Grunderwerbsteuer im Grunderwerbsteuergesetz:
§ 15 GrEStG

Leitsatz 2

Steueranspruch

Der Steueranspruch ist der Anspruch des Steuergläubigers auf **Geldleistung** aus dem Steuerschuldverhältnis.
Er **entsteht** mit der objektiven Tatbestandsverwirklichung.
Er ist **fällig** bei Eintritt der Erfüllungsverpflichtung.

Steuerliche Nebenleistungen

Das Steuerrecht kennt neben den Steuern auch steuerliche Nebenleistungen, die in § 3 Abs. 4 aufgezählt sind.

Die für die Klausur wichtigsten sind:

- Verspätungszuschläge (§ 152)
- Zinsen (§§ 233 – 237)
- Säumniszuschläge (§ 240)
- Zwangsgelder (§§ 328, 329)
- Kosten (§§ 89, 178, 337 – 345)

Im Klausurfall ist es hilfreich, die Vorschrift des § 3 Abs. 4 im Hinterkopf zu haben, denn das kurze Lesen der Aufzählung der steuerlichen Nebenleistungen erspart das lange Suchen im Gesetz!!!

Verspätungszuschlag

 Fall 7

K hat seine Erbschaftsteuererklärung nicht innerhalb der ihm vom Finanzamt gesetzten Frist abgegeben. Muss er deswegen negative Konsequenzen befürchten?

Das Finanzamt **kann** gegen ihn einen Verspätungszuschlag festsetzen § 152 Abs. 1 Satz 1.

K, der den Verspätungszuschlag noch „abbiegen" will, fragt sich, ob denn Entschuldigungsgründe für die verspätete Abgabe bestehen. Dann, so hat er gehört, ist ein Verspätungszuschlag nicht festzusetzen. Im Einzelnen nennt er folgende Vorfälle:

Erkrankung:
- entschuldigt bei plötzlicher schwerer Erkrankung;
- nicht entschuldigt, wenn bei dauerhafter Erkrankung die zumutbare Bestellung eines Vertreters unterblieben ist.

Abwesenheit:
- generell sind bei Abwesenheit aus privaten oder geschäftlichen Gründen Vorkehrungen für die Entgegennahme von Verwaltungsakten zu treffen, so dass eine deshalb eingetretene Verspätung nicht entschuldigt ist;
- als entschuldigt gilt jedoch eine kurzfristige, urlaubsbedingte Abwesenheit ohne konkrete Anhaltspunkte für einen zu erwartenden Verwaltungsakt.

Vertreterverschulden:
- Der Steuerpflichtige muss sich das Verschulden seines gesetzlichen Vertreters (§ 110 Abs. 1 Satz 2, z.B. Eltern eines Minderjährigen) zurechnen lassen, ist also nicht entschuldigt.
Ebenso verhält es sich bei Verschulden eines Erfüllungsgehilfen (§ 152 Abs. 1 Satz 3), z.B. Steuerberater, insbesondere ist dessen Arbeitsüberlastung kein Entschuldigungsgrund.
- Wenn jedoch der sonst zuverlässige und gut überwachte Mitarbeiter des Steuerberaters die Verspätung verursacht hat, liegt seitens des Steuerberaters schon kein Überwachungs- und Organisationsverschulden vor und K ist damit auch entschuldigt.

Fall 8

Gegen K wurden Verspätungszuschläge festgesetzt, weil er seine Einkommensteuererklärung drei Monate zu spät abgegeben hat. Zu Recht?

Wenn eine Steuererklärung, die sich auf ein Kalenderjahr oder auf einen gesetzlich bestimmten Zeitpunkt bezieht, nicht binnen 14 Monaten nach Ablauf des Kalenderjahrs abgegeben wurde, ist ein Verspätungszuschlag festzulegen (§ 152 Abs. 2 Nr. 1). Auf ein Verschulden kommt es hier, anders als in Fall 7, nicht an.

Der Verspätungszuschlag von insgesamt 30 € erscheint K zu hoch. Denn schließlich dürfe der ja nur monatlich 0,25 % der festgesetzten Steuer betragen, nach seiner Berechnung dann nur 21 €.

K hat zwar Recht, was die 0,25 % betrifft. Er hat jedoch übersehen, dass der Zuschlag mindestens 10 € pro angefangenem Verspätungsmonat beträgt (§ 152 Abs. 5 Satz 1).

K fragt sich, wie er die Verspätungszuschläge hätte vermeiden können.

Er hätte beim Finanzamt Antrag auf – auch rückwirkende – Verlängerung der Frist stellen können (§ 152 Abs. 3 Nr. 1).

Und gibt es noch andere Fälle, in denen ein Verspätungszuschlag nicht festzusetzen ist?

Ja, beispielsweise wenn die festgesetzte Steuer
– null Euro beträgt oder negativ ist (§ 152 Abs. 3 Nr. 2) oder
– die Summe der festgesetzten Vorauszahlungen und der anzurechnenden Steuerabzugsbeträge nicht übersteigt (§ 152 Abs. 3 Nr. 3).

Hinweis: *Diese und weitere Regelungen zum Verspätungszuschlag sind in § 152 ausführlich dargestellt. Es lohnt sich deshalb, sie vorab aufmerksam durchzulesen, um sie bei einer Klausur dann parat zu haben.*

Leitsatz 3

Verspätungszuschlag

▶ **Zweck** des Verspätungszuschlages ist es, den Steuerpflichtigen zur rechtzeitigen Abgabe der Steuererklärung anzuhalten.
▶ Bezieht sich die Steuererklärung auf ein Kalenderjahr oder auf einen gesetzlich bestimmten Zeitpunkt, gelten schärfere Rechtsfolgen.

Zinsen

 Fall 9

K, dem aus seinem Alltagsleben Zinsen wohl bekannt sind, möchte wissen, ob solche auch im Steuerrecht existieren. Wo muss er suchen?

Zinsen für Ansprüche aus Steuerschuldverhältnissen sind in § 233 Satz 1 ausdrücklich und abschließend aufgezählt:

- Steuernachforderungen und Steuererstattungen (§ 233a)
- Stundungszinsen (§ 234)
- Verzinsung von hinterzogenen Steuern (§ 235)
- Prozesszinsen auf Erstattungsbeträge (§ 236)
- Zinsen bei Aussetzung der Vollziehung (§ 237)

Nicht verzinst werden Ansprüche auf steuerliche Nebenleistungen (§ 3 Abs. 4) und die entsprechenden Erstattungsansprüche (§ 233 Satz 2).

Säumniszuschläge

Fall 10

K hat seine Steuern nicht rechtzeitig gezahlt und erhält nunmehr eine Mahnung der Finanzkasse, nach welcher er zusätzlich noch Säumniszuschläge zu entrichten hat. Da die Säumniszuschläge jedoch nicht festgesetzt wurden, geht er davon aus, dass er diese nicht zu bezahlen braucht. Stimmt das?

Da Säumniszuschläge kraft Gesetzes (§ 240) entstehen, wenn die Steuer nicht bis zum Ablauf des Fälligkeitstages entrichtet wird, bedarf es keiner Festsetzung. K muss somit auch die Säumniszuschläge zahlen.

K erinnert sich, dass es bei den oben besprochenen Verspätungszuschlägen zum Teil auch noch auf das Verschulden ankam.

K, der die Zahlung der Steuer einfach vergessen hat, fragt sich daher, ob sein Nachbar N, welcher Steuern „aus Prinzip" immer zu spät zahlt oder sein in Geldnöten steckender Bekannter M gleichermaßen Säumniszuschläge entrichten müssen?

Ja, denn ein Verschulden am Nichteinhalten der Zahlungsfristen ist für die Säumniszuschläge nicht erforderlich.

K hat von einem Freund etwas von einer „Schonfrist" gehört und möchte nun wissen, wie lange diese ist?

Bei einer Säumnis bis zu drei Tagen (Schonfrist) wird ein Säumniszuschlag nicht erhoben (§ 240 Abs. 3 Satz 1).

Gilt das für alle Zahlungsarten?

Nein, bei Bar- oder Scheckzahlung (§§ 240 Abs. 3 Satz 2, 224 Abs. 2 Nr. 1) gilt die Schonfrist nicht.

Bei Scheckzahlung gilt die Zahlung sogar erst am dritten Tag nach Eingang des Schecks als entrichtet (Wird der Scheck für die am 10.01. fällige Umsatzsteuer beim Finanzamt am 10.01. eingereicht, gilt die Zahlung damit erst am 13.01. als entrichtet und erfolgt somit verspätet). Der Scheck muss daher dem Finanzamt bereits drei Tage vor dem Fälligkeitstermin vorliegen, um Säumniszuschläge zu vermeiden (§ 224 Abs. 2 Nr. 1).

Die Steuerschuld, welche Bemessungsgrundlage des Säumniszuschlages war, wird nunmehr nachträglich „auf Null" festgesetzt. K freut sich, da dies doch wohl auch für die Säumniszuschläge gelten müsse?

Dem ist nicht so, die Säumniszuschläge bleiben bestehen (§ 240 Abs. 1 Satz 4).

Falls K die Säumniszuschläge nicht rechtzeitig zahlt, entstehen dann auf die Säumniszuschläge weitere Säumniszuschläge?

Nein, da Säumniszuschläge nicht auf steuerliche Nebenleistungen entstehen (§ 240 Abs. 2), zu denen auch die Säumniszuschläge zählen (§ 3 Abs. 4).

Leitsatz 4

Säumniszuschläge

Säumniszuschläge fallen bei **nicht fristgerechter Zahlung** unabhängig vom Verschulden an.

In bestimmten Fällen greift eine **3-Tages-Schonfrist** (nicht bei Bar- oder Scheckzahlungen).

Bei Schecks gilt die Zahlung erst am 3. Tag nach Eingang des Schecks als bewirkt

Einmal angefallene Säumniszuschläge bleiben **bestehen**.

Zwangsgeld

▰ Fall 11
K hat „keine Lust", seine Einkommensteuererklärung abzugeben. Kann er vom Finanzamt hierzu gezwungen werden?

Es kann nach §§ 328, 329 ein Zwangsgeld gegen ihn verhängt werden.

▰ Fall 12
K wurde im Jahr 01 nicht vom Finanzamt zur Abgabe der Steuererklärung aufgefordert. Er fällt deshalb aus allen Wolken, als gegen ihn ein Zwangsgeld verhängt wird. Ist das Zwangsgeld rechtens?

Nein, denn Voraussetzung ist ein vollstreckbarer Verwaltungsakt, hier wäre dies die Aufforderung zur Abgabe der Steuererklärung.

Übrigens: Fallbeispiele mit „zweistelligen Jahreszahlen" – beispielsweise „Steuerbescheid 07" – beziehen sich nicht auf ein konkretes Jahr, sondern die fiktiven Zahlen dienen lediglich der Übersichtlichkeit.

▰ Fall 13
Bei einem Telefonat mit „seinem" Finanzbeamten B teilt ihm dieser mit, dass, wenn K nicht bis Monatsende seine Steuererklärung für das Jahr 02 einreiche, gegen ihn ein Zwangsgeld verhängt werde. Reicht das?

Nein, denn das Gesetz fordert ausdrücklich eine schriftliche Androhung (§ 332 Abs. 1 Satz 1). Fehlt diese, ist die Zwangsgeldfestsetzung rechtswidrig.

Auch B ist inzwischen klar geworden, dass er einen Fehler begangen hat und schickt K nach erfolgter Festsetzung des Zwangsgeldes noch eine schriftliche Androhung zu. Wurde der Fehler damit geheilt?

Nein, denn eine Nachholung der Androhung ist nicht möglich.

▰ Fall 14
Im Jahr 03 reicht K weder seine Einkommensteuer-, noch seine Umsatzsteuererklärung ein. Auch die Umsatzsteuererklärung des Vorjahres 02 fehlt noch. B droht K schriftlich ein Zwangsgeld an, wenn er „seine Erklärungen" nicht fristgerecht einreicht. Hat B jetzt alles richtig gemacht?

Lektion 2: Der Steueranspruch und steuerliche Nebenleistungen

Nein, denn bei mehreren zu erzwingenden Handlungen ist **für jede einzelne Handlung** eine eigene Zwangsgeldandrohung mit eigenem Zwangsgeldbetrag erforderlich. Der Steuerpflichtige muss genau wissen, wofür ihm was droht, der Verwaltungsakt „Zwangsgeldandrohung" muss inhaltlich hinreichend bestimmt sein (§ 119 Abs. 1). Ist dies nicht der Fall, ist die Androhung nichtig (§ 125).

B hätte also sowohl wegen der Einkommen- und Umsatzsteuererklärung 03 als auch wegen der Umsatzsteuererklärung 02 dem K ein Zwangsgeld androhen müssen.

B, nunmehr beim Thema Zwangsgeld vorsichtig geworden, sucht im Gesetz nach einem weiteren wichtigen Kriterium. Worauf wird er stoßen?

Er muss sowohl die **Angemessenheit** des Mittels zum Zweck (§ 328 Abs. 2 Satz 2) als auch die **absolute Höhe** von 25.000 € (§ 329) beachten.

B hat inzwischen rechtlich korrekt ein Zwangsgeld von 200 € gegen K festgesetzt. Noch angemessen wäre jedoch auch ein Zwangsgeld von 250 €. Wann kann B das höhere Zwangsgeld androhen?

Erst dann, wenn K die alte Verpflichtung nach Fristablauf immer noch nicht erfüllt hat (§ 332 Abs. 3 Satz 1), das **zunächst angedrohte Zwangsmittel** damit **erfolglos** ist.

K hat zwischenzeitlich – nach Festsetzung des Zwangsgeldes – seine Steuererklärungen eingereicht. B, der ihm wegen der zahlreichen Mühen grollt, möchte das Zwangsgeld dennoch beitreiben. Ist das zulässig?

Nein, denn mit der **Erfüllung der Verpflichtung** ist der **Vollzug** des Zwangsmittels **einzustellen** (§ 335).

Leitsatz 5

Zwangsgeld

▷ Zwangsgelder dienen der Durchsetzung steuerlicher Verpflichtungen.

▷ Voraussetzung ist ein vollstreckbarer Verwaltungsakt.

▷ Zwangsgelder sind vorab schriftlich anzudrohen, die Angemessenheit ist zu beachten.

▷ Wird die Verpflichtung erfüllt, darf das Zwangsgeld nicht mehr beigetrieben werden.

Kosten

Die Kosten sind in den §§ 89, 178, 178a und 337 bis 345 geregelt.

Für Klausuren ist wichtig, dass sowohl im Steuerveranlagungsverfahren als auch im außergerichtlichen Rechtsbehelfsverfahren (Einspruch) keine Kosten anfallen.

Nebenleistungen bei Schätzbescheiden

Fall 15

K, welcher lieber seinen Finanzbeamten B „die Arbeit mit der Steuer" machen lassen will, hofft, dass er mit seiner Steuer „geschätzt" wird. Dann müsse er selbst ja wohl keine Steuererklärung mehr abgeben. Auch läge es dann doch wohl an B, ob und wie schnell dieser einen Schätzbescheid erlasse. Mit Zwangsgeldern und Verspätungszuschlägen müsse er, K, dann ja wohl nicht rechnen. Liegt K damit richtig?

Nein, denn die Schätzung der Besteuerungsgrundlagen nach § 162 entbindet den Steuerpflichtigen K nicht von seiner Steuererklärungspflicht.

Es kann damit auch weiterhin ein Zwangsgeld gegen ihn verhängt werden, um ihn zur Abgabe seiner Steuererklärung zu bewegen.

Ferner beinhaltet die Nichtabgabe der Steuererklärung gleichzeitig eine Überschreitung der Abgabefrist, so dass auch Verspätungszuschläge wegen der Fristüberschreitung zulässig sind.

Abschließend erhalten Sie nochmals eine zusammenfassende Übersicht über die wichtigsten steuerlichen Nebenleistungen und ihre Voraussetzungen:

Übersicht 1: Zwangsgeld – Verspätungszuschlag – Säumniszuschläge – Verzinsung

Zwangsgeld § 329	– bei Nichtabgabe der Steuererklärung – bleibt auch bei Schätzbescheiden
Verspätungszuschlag § 152	– bei verspäteter Abgabe der Steuererklärung – auch bei Schätzbescheiden
Säumniszuschläge § 240	– bei verspäteter Steuerzahlung
Zinsen §§ 233–239	– soweit gesetzlich vorgeschrieben – nicht bei steuerlichen Nebenleistungen

Lektion 3: Ermessen

Der Begriff „Ermessen" ist im öffentlichen Recht nicht unbekannt. Im Folgenden soll seine Bedeutung und Ausgestaltung im Steuerrecht dargestellt werden:

Ermessensentscheidung

Fall 16

Die Steuerpraktikantin P erfährt von ihrem Ausbilder, dass ein zentraler Begriff in der AO das „Ermessen" sei. Was hat sie hierunter zu verstehen?

Das in § 5 geregelte Ermessen eröffnet der Finanzbehörde die Möglichkeit, auf einen konkreten Einzelfall individuell zu reagieren. Beispiel: Festsetzung von Zwangsmitteln „kann" (§ 328 Abs. 1 Satz 1).

Was ist das Gegenteil von Ermessen?

Das Gegenteil ist die gebundene Entscheidung, bei welcher meist nur eine mögliche Rechtsfolge besteht. Beispiel: Säumniszuschläge „so ist" (§ 240 Abs. 1 Satz 1).

P soll als nächstes erläutern, welche Abwägungen bei Ermessensentscheidungen zu treffen sind. Wie wird sie antworten?

Das Entschließungsermessen (1. Entscheidung) beinhaltet die Abwägung, ob von einer Regelung überhaupt Gebrauch gemacht werden soll. (Beispiel: Soll überhaupt ein Zwangsgeld festgesetzt werden?)

Das Auswahlermessen (2. Entscheidung) beinhaltet die Abwägung, wie von der Regelung Gebrauch gemacht werden soll. (Beispiel: In welcher Höhe soll das Zwangsgeld festgesetzt werden?).

Ermessensfehler

Fall 17

„Nobody is perfect". P soll darstellen, welche Ermessensfehler bei der Entscheidung vorkommen können:

Ermessensnichtgebrauch: Es wird überhaupt nicht erkannt, dass Ermessen besteht. (Beispiel: Der Beamte geht davon aus, dass ein Zwangsgeld immer festzusetzen ist, was natürlich falsch ist!)

Ermessensunter- oder -überschreitung: Das Ermessen wird über- oder unterschritten (Beispiel: Ein Zwangsgeld in Höhe von 30.000 €, die Grenze liegt jedoch bei 25.000 € (§ 329)).

Ermessensfehlgebrauch: Verstoß gegen Grundsatz der Verhältnismäßigkeit, Willkürverbot, Treu und Glauben, Billigkeit.

Der Ausbildungsleiter von P ist mit der Aufzählung schon ganz zufrieden und möchte nun von ihr noch wissen, was der „Grundsatz der Verhältnismäßigkeit" im Einzelnen beinhaltet?

Der **Grundsatz der Verhältnismäßigkeit** beinhaltet folgende Kriterien:

- **Geeignetheit:** Ist das gewählte Mittel objektiv geeignet zur Erreichung des angestrebten Zieles?

- **Erforderlichkeit:** Wurde das mildeste Mittel zur Erreichung des Zieles gewählt?

- **Zumutbarkeit:** Steht das erstrebte Ziel im Verhältnis zu den Nachteilen des Steuerpflichtigen?

Ermessensreduzierung auf Null

Fall 18

P ist während ihrer Recherchen auch über den Begriff „Ermessensreduzierung auf Null" gestolpert. Was hat es damit auf sich?

Bei der „Ermessensreduzierung auf Null" wird der grundsätzlich vorhandene Ermessensspielraum auf nur eine mögliche Entscheidung eingegrenzt (Beispiel: Erstmalig verspätete Abgabe der Steuererklärung um nur einen Tag, hier ist kein Verspätungszuschlag festzusetzen). Es handelt sich dann um eine gebundene Entscheidung.

Abschließend zum Thema Ermessen lesen Sie nun bitte noch folgende Übersicht:

Übersicht 2: Ermessen

Ermessen	§ 5
Gegensatz:	Gebundene Entscheidung Insbes. bei Ermessensreduzierung auf Null
Prüfungsreihenfolge:	1. Stufe: Entschließungsermessen: „ob" 2. Stufe: Auswahlermessen: „wie"
Ermessensfehler:	Ermessensnichtgebrauch Ermessensüber-/-unterschreitung Ermessensfehlgebrauch
Grundsatz der Verhältnismäßigkeit:	Geeignetheit Erforderlichkeit Zumutbarkeit

Lektion 4: Verfahrensgrundsätze und Steuergeheimnis

Verfahrensgrundsätze

Wie in jedem Verfahren mit mehreren „Seiten" sind auch im Steuerrecht zwischen Finanzbehörde und Steuerbürger gewisse Grundregeln einzuhalten.

Beteiligung am Verfahren

Fall 19
Der Steuerpflichtige K fragt sich, welche Stellung er im Steuerverfahren hat?

K hat, beispielsweise als Antragsteller/-gegner oder als Adressat eines Verwaltungsaktes, die Stellung als „Beteiligter" am Finanzverfahren (§ 78).

Er ist, da er über 18 Jahre alt und damit nach bürgerlichem Recht geschäftsfähig ist, nach § 79 Abs. 1 Nr. 1 im Finanzverfahren auch selbst handlungsfähig.

Muss er als Beteiligter „alles selber machen" oder kann er sich auch vertreten lassen?

Er kann sich durch einen Bevollmächtigten vertreten lassen, welcher „zur geschäftsmäßigen Hilfe in Steuersachen befugt" ist. Dies kann insbesondere ein Rechtsanwalt oder Steuerberater sein (§ 80).

Fall 20 (Exkurs)
Wie sieht es mit K's minderjähriger Nichte N aus? Ist sie auch schon selbst handlungsfähig?

Mangels unbeschränkter Geschäftsfähigkeit nach bürgerlichem Recht (§§ 104, 106 BGB) ist N noch nicht selbst handlungsfähig und muss sich von ihren gesetzlichen Vertretern (Eltern, § 1629 Abs. 1 BGB) bei der Erfüllung ihrer steuerlichen Pflichten vertreten lassen (§ 34 Abs. 1).

Untersuchungsgrundsatz

▰ Fall 21

Der Steuerpflichtige K möchte wissen, ob er, ähnlich wie im Zivilprozess, die für das Verfahren erheblichen Fakten selbst beibringen muss (Beibringungsgrundsatz)?

Nein, denn die Finanzbehörde ermittelt den Sachverhalt von Amts wegen (Untersuchungsgrundsatz) und bestimmt für den jeweiligen Einzelfall Art und Umfang der Ermittlungen selbst (§ 88 Abs. 1 und 2).

K befürchtet, dass das Finanzamt nur zu seinen Lasten ermittelt. Wie ist die Rechtslage?

Die Finanzbehörde ist verpflichtet, auch die für die Beteiligten günstigen Umstände zu berücksichtigen (§ 88 Abs. 1 Satz 2). Die Ermittlungen finden also zugunsten und zuungunsten des Steuerpflichtigen K statt.

Mitwirkungspflichten der Beteiligten

▰ Fall 22

K, von Natur aus nicht gerade enthusiastisch bei der Beschäftigung mit steuerlichen Angelegenheiten, ist begeistert vom Untersuchungsgrundsatz. Er ist der Meinung, er könne sich bequem zurück lehnen und die Behörde „nur machen lassen". Auch eine Steuererklärung müsse er dann ja wohl nicht mehr erstellen. Ist K tatsächlich von jeglicher Mitwirkung befreit?

Hier irrt K, denn auch die Beteiligten sind aufgrund ihrer „Nähe zum Sachverhalt" zur Mitwirkung verpflichtet (§ 90 Abs. 1 Satz 1). Hierzu zählt insbesondere die Verpflichtung zur Abgabe der Steuererklärungen (§ 149).

K, nun plötzlich in Panik wegen der auf ihn zukommenden Mitwirkungspflichten fragt sich, was er denn jetzt alles tun muss?

Der Umfang seiner Verpflichtungen richtet sich nach den Umständen des Einzelfalles (§ 90 Abs. 1 Satz 3). Kriterien hierfür sind Notwendigkeit, Verhältnismäßigkeit, Erfüllbarkeit und Zumutbarkeit. Je komplexer der Sachverhalt, desto umfangreicher die Mitwirkungspflicht. Generell gilt, dass er die für die Besteuerung erheblichen Tatsachen vollständig und wahrheitsgemäß offen legen und die ihm bekannten Beweismittel angeben muss (§ 90 Abs. 1 Satz 2).

Bei Auslandssachverhalten gelten zusätzliche erweiterte Mitwirkungspflichten (§ 90 Abs. 2, 3).

Als weitere Mitwirkungspflichten (In- und Ausland) gibt es insbesondere die Auskunftspflicht (§ 93), die Vorlagepflicht von Urkunden (§ 97) und die Mitwirkungspflichten bei Außenprüfungen (§ 200).

Welche Folgen kann es für K haben, wenn er seinen Mitwirkungspflichten nicht nachkommt?

Tatsachen zu seinen Gunsten, die weder offenkundig noch unbestritten sind, werden, falls sie nicht bewiesen werden können, nicht berücksichtigt. Wenn K also trotz Aufforderung angeforderte Belege nicht vorlegt, werden seine bestrittenen Betriebsausgaben nicht berücksichtigt, da das Finanzamt diese auf andere Weise nicht nachvollziehen kann.

Steuergeheimnis

Fall 23

K ist einigermaßen entsetzt über seine erheblichen Mitwirkungspflichten und fragt sich, ob er denn jetzt gänzlich ungeschützt gegenüber dem Finanzamt ist?

Als Gegengewicht zu den Pflichten gibt es insbesondere das Steuergeheimnis (§ 30).

K wird hellhörig und will wissen, ob denn auch „sein" Finanzbeamter B an das Steuergeheimnis gebunden ist?

Gebunden ist jeder Amtsträger (§ 30 Abs. 2, § 7) – also auch B – und gleichgestellte Personen (§ 30 Abs. 3).

Ferner interessiert K, was denn überhaupt durch das Steuergeheimnis geschützt ist?

Geschützt sind Verhältnisse eines anderen (§ 30 Abs. 2 Nr. 1).

Geschützt sind ferner fremde Betriebs- oder Geschäftsgeheimnisse (§ 30 Abs. 2 Nr. 2) und in einem automationsgestützten Dateisystem gespeicherte Daten (§ 30 Abs. 2 Nr. 3).

Die geschützten Details müssen B dienstlich oder „bei Gelegenheit" einer Amtshandlung bekannt geworden sein.

Nicht darunter fallen rein privat erlangte Kenntnisse (beispielsweise im Rahmen eines freizeitlichen Kneipenbesuches).

K, der B gerne „auf die neugierigen Finger klopfen" würde, möchte wissen, was denn genau passieren muss, damit eine Verletzung des Steuergeheimnisses vorliegt?

Tathandlung ist das unbefugte Offenbaren oder Verwerten (§ 30 Abs. 2 Nr. 1, 2), bei elektronischen Daten schon der unbefugte Abruf (§ 30 Abs. 2 Nr. 3).

B würde das Steuergeheimnis also dann verletzen, wenn er Kenntnisse über K einem Dritten schriftlich oder mündlich weitergibt oder auch wenn er Akten frei zugänglich herumliegen lässt und Dritte diese dann ungehindert lesen können.

Was Dritten oder der Allgemeinheit jedoch schon bekannt ist, kann naturgemäß nicht mehr offenbart werden.

▰▰ Fall 24

K hat etwas von „Durchbrechung des Steuergeheimnisses" gehört und möchte in Erfahrung bringen, in welchem Fall er sich nun nicht sicher fühlen kann?

Nach der AO (§ 30 Abs. 4) ist u.a. in den folgenden Fällen eine Offenbarung der erlangten Kenntnisse zulässig:

– die Kenntnisse dienen der Durchführung von Besteuerungs- oder gerichtlichen Verfahren (Nr. 1);

- die Offenbarung der Kenntnisse ist durch Gesetze ausdrücklich zugelassen (Nr. 2), beispielsweise bei rechtswidriger Zuwendung von Vorteilen (§ 4 Abs. 5 Nr. 10 Sätze 2, 3 EStG);

- bei Zustimmung der betroffenen Person (Nr. 3);

- zur Durchführung außersteuerlicher Strafverfahren (Nr. 4);

- bei zwingendem öffentlichen Interesse (Nr. 5) beispielsweise bei Mord oder bestimmten Wirtschaftsstraftaten.

Fall 25

K sagt sich nun, Steuergeheimnis schön und gut, aber was bringt mir das im Falle einer Verletzung?

Eine Verletzung des Steuergeheimnisses kann zu seinen Gunsten zu einem Verwertungsverbot nach § 393 Abs. 2 führen.

Ebenfalls kann für ihn ein Anspruch auf Schadensersatz (Amtshaftungsanspruch) nach § 839 BGB in Verbindung mit Art. 34 GG gegenüber dem Dienstherren des verletzenden Amtsträgers entstehen.

Schließlich kann sich der Verletzende bei vorsätzlichem Handeln mit strafrechtlichen Folgen konfrontiert sehen (§ 355 StGB – Verletzung des Steuergeheimnisses).

Leitsatz 6

Verfahrensgrundsätze und Steuergeheimnis

Grundsätzlich gilt im Steuerrecht der **Untersuchungsgrundsatz**. Es gibt jedoch auch **Mitwirkungspflichten** des Steuerpflichtigen. Der Steuerpflichtige wiederum ist geschützt durch das **Steuergeheimnis**.

Lektion 5: Fristen und Wiedereinsetzung

Fristen gibt es in jedem Rechtsgebiet. Das Steuerrecht kennt zum Teil eigene Fristen, zum Teil verweist es auch auf die Regelungen des BGB. Sie erhalten mit den folgenden Fällen einen Überblick über die Systematik der Fristen und lernen mit der „Wiedereinsetzung" eine Möglichkeit kennen, bestimmte Fristversäumnisse zu „reparieren".

Fristen

Fall 26

Das Finanzamt versendet an den Steuerpflichtigen K mit einfachem Brief seinen Einkommensteuerbescheid 01. Der Bescheid wird am 01. Juli (Donnerstag) zur Post aufgegeben. Wann gilt er als bekannt gegeben?

Bei Bekanntgabe durch einfachen Brief gilt die Drei-Tages-Fiktion des § 122 Abs. 2 Nr. 1, das heißt, der Bescheid gilt am 3. Tag nach der Aufgabe zur Post als bekannt gegeben.

Dies wäre, da der Tag der Aufgabe nicht mitgerechnet wird, der 4. Juli (Sonntag).

Da – entgegen früherer Ansicht – auch bei der Drei-Tages-Fiktion die Samstags-, Sonn- und Feiertags-Regelung des § 108 Abs. 3 anwendbar ist, gilt der Bescheid erst am nächsten Werktag (Montag, 5. Juli) als bekannt gegeben.

Was wäre, wenn K den Bescheid nachweislich tatsächlich schon am 2. Juli erhalten hätte?

Das würde nichts am Ergebnis (5. Juli) ändern, da die gesetzliche Fiktion insoweit nicht zu widerlegen ist.

Was wäre, wenn K den Bescheid nachweislich tatsächlich erst am 12. Juli erhalten hätte?

Dann würde das – spätere – tatsächliche Zugangsdatum gelten (§ 122 Abs. 2).

Gilt die Fiktion auch, wenn der Bescheid K überhaupt nicht zugegangen ist?

Nein, denn die Fiktion ersetzt nicht den tatsächlichen Zugang (§ 122 Abs. 2).

Hinweis: Die 3-Tages-Fiktion gilt auch für elektronisch übermittelte Verwaltungsakte (§ 122 Abs. 2a): Bekanntgabe am 3. Tag nach der Absendung. Des Weiteren gilt die Fiktion für Verwaltungsakte, deren Bekanntgabe durch Bereitstellung zum Datenabruf erfolgt: Bekanntgabe am 3. Tag nach Absendung der elektronischen Benachrichtigung über die Bereitstellung der Daten (§ 122a Abs. 4).

Fall 27

K möchte gegen den Bescheid Einspruch einlegen. Dies muss nach § 355 Abs. 1 Satz 1 innerhalb eines Monats nach Bekanntgabe geschehen. Bis wann hat er spätestens Zeit?

Die Bekanntgabe erfolgte im Grundfall am 5. Juli. Da es sich hierbei um ein Ereignis handelt (Ereignisfrist), wird der Tag nicht mitgerechnet, so dass Fristbeginn der 6. Juli ist (§ 108 Abs. 1 AO; § 187 Abs. 1 BGB).

Fristende bei der Monatsfrist ist der Tag mit „der gleichen Zahl des Ereignisses" (Bekanntgabe), somit der 5. August (§ 108 Abs. 1 AO; § 188 Abs. 2 BGB). K hat somit bis Ablauf des 5. August Zeit für seinen Einspruch.

Hinweis: Fällt das Fristende auf einen Samstag, Sonntag oder Feiertag, endet die Frist wiederum nach § 108 Abs. 3 mit Ablauf des nächsten Werktages.

Wiedereinsetzung

Fall 28

K fühlt sich nach der Lektüre der vorangegangenen Fälle nunmehr recht gut über das Thema Fristen und Berechnung informiert. Gleichzeitig drängt sich ihm jedoch die Frage auf, was er machen kann, falls er mal eine Frist versäumen sollte. Können Sie ihm helfen?

Für bestimmte Fristen ist ihm auf Antrag Wiedereinsetzung in den vorigen Stand § 110 zu gewähren.

K fragt sich, um welche „bestimmte Fristen" es sich hierbei wohl handelt?

Es muss eine gesetzliche – nicht verlängerbare – Frist sein (§ 110 Abs. 1 Satz 1). Hierunter gehört insbesondere die Einspruchsfrist (Rechtsbehelfsfrist) des § 355.

K liest im Gesetz weiter, dass er „verhindert" gewesen sein muss, die Frist einzuhalten. K, dem dies etwas mager erscheint, möchte wissen, was mit „verhindert" genau gemeint ist?

Die Verhinderung muss am Tag des Fristablaufes bestanden haben.

Er muss schuldlos verhindert gewesen sein. Für das Verschulden können Sie sich an die Grundsätze halten, welche im Rahmen der Verspätungszuschläge (Fall 7) besprochen wurden.

K, nunmehr zum Handeln bereit, sucht im Gesetz was er tun muss, damit seinem Antrag „im Ernstfall" dann auch entsprochen wird?

Er muss die versäumte Handlung (beispielsweise den Einspruch) nach Wegfall des Hindernisses innerhalb Monatsfrist nachholen (§ 110 Abs. 2 Satz 3).

Ferner hat er innerhalb dieser Frist grundsätzlich Antrag auf Wiedereinsetzung zu stellen (§ 110 Abs. 2 Satz 1, dieser ist jedoch gem. Satz 4 entbehrlich, wenn die Handlung nachgeholt wurde).

Wichtig ist auch, dass die Wiedereinsetzungsgründe bei Antragstellung oder im Verfahren über den Antrag glaubhaft zu machen sind (§ 110 Abs. 2 Satz 2).

K hat erfahren, dass es für die Wiedereinsetzung auch eine Ausschlussfrist gibt. Wo ist diese geregelt?

Nach Ablauf der Jahresfrist (§ 110 Abs. 3) ist Wiedereinsetzung nur noch bei Verhinderung durch höhere Gewalt möglich. Hierzu zählen Naturereignisse oder Kriege, nicht jedoch beispielsweise ein Gefängnisaufenthalt.

K, der nun von Voraussetzungen für die Wiedereinsetzung genug gehört hat, fragt sich, was „passiert" wenn ihm Wiedereinsetzung gewährt wird?

Er wird dann so behandelt, als ob er die Frist gewahrt hätte, es ergeht kein gesonderter Verwaltungsakt über die Gewährung der Wiedereinsetzung.

Abschließend zum Thema möchte K noch wissen, was er machen kann, wenn er schuldlos die für die Wiedereinsetzung relevante Monatsfrist versäumt?

Da es sich um eine gesetzliche – nicht verlängerbare – Frist im Sinn des § 110 Abs. 1 handelt, ist ihm auf – fristgerechten – Wiedereinsetzungsantrag Wiedereinsetzung in die Wiedereinsetzung zu gewähren.

Leitsatz 7

Systematik der Fristberechnung

▶ Ausgangsnorm bei der Fristberechnung ist immer § 108.
  Es ist zu prüfen: Greifen die Spezialregeln des § 108 Abs. 2 – 5?
  Wenn nicht, dann verweist § 108 Abs. 1 auf §§ 187 ff. BGB.

▶ Bezüglich der Bekanntgabe von Verwaltungsakten ist § 122 zu beachten.
  Wichtig: Denken Sie an die 3-Tages-Fiktion nach § 122 Abs. 2 Nr. 1 und Abs. 2a sowie § 122a Abs. 4.

▶ Bei Fristversäumnis ist Wiedereinsetzung nach § 110 zu prüfen.

II. Steuerverwaltungsakte

Lektion 6: Was sind Steuerverwaltungsakte

„Steuerverwaltungsakt" und „sonstiger Verwaltungsakt", „Steuerbescheid", „Feststellungsbescheid" sind für die Systematik des Steuerrechts wichtige Begriffe, die in den folgenden Fällen dargestellt werden sollen:

Steuerverwaltungsakte

Fall 29
P, Praktikantin im Finanzamt, soll sich heute mit dem Thema „Verwaltungsakt im Steuerrecht" beschäftigen. Hierzu gibt es eine Definition, die identisch ist mit dem ihr schon aus dem Verwaltungsrecht bekannten § 35 VwVfG. Wo findet sie diese?

Der Begriff des (Steuer)Verwaltungsaktes ist in § 118 Satz 1 definiert. „Verwaltungsakt ist jede Verfügung, Entscheidung oder andere hoheitliche Maßnahme, die eine Behörde zur Regelung eines Einzelfalles auf dem Gebiet des öffentlichen Rechts trifft und die auf unmittelbare Rechtswirkung nach außen gerichtet ist."

P blättert nun gleich weiter in der AO und findet heraus, dass (Steuer) Verwaltungsakte noch weiter unterteilt werden. Wie?

In Steuerbescheide (§ 155 Abs. 1) und diesen gleichgestellte Bescheide (z.B. Feststellungsbescheid § 181 Abs. 1, Steuermessbescheid § 184 Abs. 1) einerseits, sowie in sonstige Verwaltungsakte (z.B. Haftungsbescheid § 191) andererseits.

Bedeutung hat die Unterscheidung deshalb, weil auf Steuerbescheide zum Teil Sondervorschriften (insbes. §§ 155 ff., 172 ff.) anzuwenden sind.

Hinweis: Diese Sondervorschriften werden bei den jeweiligen Themen besprochen.

P hat nunmehr die Aufgabe, verschiedene „Vorgänge" dahingehend zu sortieren, ob es sich um (Steuer)Verwaltungsakte handelt oder nicht. Als sie damit fertig ist, hat sie zwei Stapel:

Steuerverwaltungsakte: Auskunftsersuchen (§ 93); Aufforderung zur Abgabe einer Steuererklärung (§ 149); Verspätungszuschlag (§ 152); Abrechnungsbescheid (§ 218 Abs. 2 Satz 1) über Streitigkeiten wegen Aufrechnung; Einstellung der Zwangsvollstreckung (§§ 257, 258).

Keine Steuerverwaltungsakte: Verlangen der Benennung von Gläubigern und Zahlungsempfängern (§ 160), da dies nur der Vorbereitung eines Verwaltungsaktes dient; Aufrechnung (§ 226), da sich die Rechtsfolgen nach dem bürgerlichen Recht richten, somit keine spezifisch hoheitliche Maßnahme vorliegt; Niederschlagung (§ 261), da diese keine Außenwirkung hat, es handelt sich lediglich um ein Verwaltungsinternum; Gewährung von Akteneinsicht.

Steuerbescheid

Fall 30

Nachdem P ihre Aufgabe gelöst hat, soll sie sich jetzt dem Thema „Steuerbescheid" intensiver widmen. Welche Funktion hat eigentlich ein Steuerbescheid?

Durch Steuerbescheide werden von der Finanzbehörde die Steuern festgesetzt (§ 155 Abs. 1 Satz 1), beispielsweise die Einkommensteuer § 2 Abs. 6 EStG.

Klingt logisch und ausnahmslos, denkt sich P. Ist dem so, oder gibt es, wie so oft im Recht, irgendwelche Ausnahmen oder „Fallen"?

Die AO selbst lässt bereits in § 155 Abs. 1 Satz 1 Ausnahmen zu: „soweit nichts anderes vorgeschrieben ist".

Dies gilt nach § 167 insbesondere für vom Steuerpflichtigen vorzunehmende Steueranmeldungen, also z.B. die Umsatzsteuer(vor)anmeldung (§ 18 UStG) oder die Lohnsteueranmeldungen (§ 41a EStG).

Vorsicht Falle: Die Steueranrechnung (beispielsweise die Anrechnung von Vorauszahlungen auf die Einkommensteuer § 36 Abs. 2 EStG) ist keine Steuerfestsetzung, es ergeht hierüber kein Steuerbescheid.

Feststellungsbescheid

▰ Fall 31
Nach den Steuerbescheiden kommen nun die „gleichgestellten Bescheide" dran. Hier soll sich P mit dem Feststellungsbescheid näher beschäftigen. Wozu dient dieser?

Der Feststellungsbescheid (§§ 179 ff.) dient der Feststellung einzelner Besteuerungsgrundlagen (z.B. Gewinn, Höhe der Sonderausgaben).

P will jetzt wissen, ob die einzelnen Besteuerungsgrundlagen immer im Feststellungsbescheid festgestellt werden und ob diese gegebenenfalls anzufechten sind. Was findet sich in der AO hierzu?

Die Feststellung der Besteuerungsgrundlagen erfolgt regelmäßig im Steuerbescheid und ist grds. nicht selbständig anfechtbar (§ 157 Abs. 2).

Ein Rechtsbehelf (z.B. Einspruch) richtet sich damit immer gegen die festgesetzte Steuer selbst, die Besteuerungsgrundlagen sind dann im Rahmen des Einspruchsverfahrens zu überprüfen.

Nur in bestimmten Fällen werden die Besteuerungsgrundlagen im Feststellungsbescheid gesondert (und einheitlich) festgestellt und sind dann auch nur dort anfechtbar.

Der Ausbildungsleiter fragt nun P, wann denn insbesondere eine gesonderte bzw. eine gesonderte und einheitliche Feststellung zu erfolgen hat.

Eine gesonderte Feststellung hat zu erfolgen, wenn bei Gewinneinkünften (Land- und Forstwirtschaft, Gewerbebetrieb, freiberufliche Tätigkeit) das für die gesonderte Feststellung zuständige Finanzamt (Lage- oder Betriebsfinanzamt § 18 Abs. 1 Nr. 1 – 3) nicht auch für die Steuern vom Einkommen (Wohnsitzfinanzamt § 19) zuständig ist (§ 180 Abs. 1 Satz 1 Nr. 2(b)). Dies macht, wie P findet, auch Sinn, da diese Finanzämter wegen ihrer räumlichen Nähe den Sachverhalt regelmäßig besser beurteilen können als das Wohnsitzfinanzamt.

Ist der Gegenstand der Feststellung mehreren Personen zuzurechnen oder ist dies gesetzlich bestimmt, wird die gesonderte Feststellung einheitlich vorgenommen (beispielsweise bei Mitunternehmerschaften, Erbengemeinschaften, Eigentümer- und Grundstücksgemeinschaften (§ 180 Abs. 1 Satz 1 Nr. 2 (a) i.V.m. § 179 Abs. 2 Satz 2).

Fall 32

Nachdem P sich mit den Voraussetzungen der gesonderten Feststellung befasst hat, soll sie nunmehr klären, welche Wirkung die gesonderte Feststellung für die Verwaltung hat. Werfen Sie mit P zusammen einen Blick ins Gesetz und helfen Sie ihr!

Nach § 182 Abs. 1 sind Feststellungsbescheide für Folgebescheide (Steuermessbescheide, Steuerbescheide und Steueranmeldungen) bindend. Eine inhaltliche Prüfung durch das für den Erlass der Folgebescheide zuständige Finanzamt findet nicht statt. Die Bindungswirkung besteht auch dann, wenn das Finanzamt von der Unrichtigkeit der Feststellung weiß oder der Feststellungsbescheid zwischenzeitlich zwar angefochten, über den Rechtsbehelf aber noch nicht entschieden wurde. Unerheblich ist auch, ob der Feststellungsbescheid schon bestandskräftig ist.

Und welche Wirkung hat die gesonderte Feststellung für den Steuerpflichtigen?

Für den Steuerpflichtigen besteht nach § 351 Abs. 2 eine Anfechtungsbeschränkung. Er muss gegen den Feststellungsbescheid (Grundlagenbescheid) selbst vorgehen, nicht lediglich gegen den Folgebescheid.

Übersicht 3: Steuerverwaltungsakte

Steuerbescheide und gleichgestellte Bescheide		Sonstige Verwaltungsakte
z.B. Einkommensteuerbescheid	z.B. Feststellungsbescheid §§ 179 ff., Steuermessbescheid § 184	z.B. Haftungsbescheid § 191

Lektion 7: Wirksamkeitsvoraussetzungen, insbes. Bekanntgabe

Welche „Zutaten" braucht ein wirksamer Steuerverwaltungsakt? Antwort bringen die nächsten Fälle:

Wirksamkeitsvoraussetzungen

Fall 33
Unsere Finanzamtspraktikantin P hat sich nunmehr mit den Voraussetzungen eines wirksamen Steuerverwaltungsaktes zu beschäftigen. Welches sind allgemein die wichtigsten?

Wie so oft erfolgt der Einstieg direkt über das Gesetz:

Ein Verwaltungsakt muss inhaltlich hinreichend bestimmt sein (§ 119 Abs. 1). Für Steuerbescheide bedeutet dies, dass als unabdingbare notwendige Inhalte Steuerart, Steuerhöhe und Steuerschuldner nicht fehlen dürfen (§ 157 Abs. 1 Satz 2), da ansonsten der Bescheid nichtig ist (§§ 124 Abs. 3, 125 Abs. 1).

Ferner ist der Verwaltungsakt demjenigen bekannt zu geben, für den er bestimmt ist oder der von ihm betroffen wird (§§ 124 Abs. 1, 122 Abs. 1).

Bekanntgabe

Fall 34
P soll sich nun vertieft mit dem Thema Bekanntgabe auseinandersetzen. Vorab hat sie die Begriffe Steuerschuldner, Inhaltsadressat und Bekanntgabeadressat zu definieren:

Steuerschuldner: derjenige, der den Steuerverwaltungsakt zu befolgen hat.

Inhaltsadressat: derjenige, für den der Steuerverwaltungsakt bestimmt ist und der auch Verfahrensbeteiligter ist.

Bekanntgabeadressat: derjenige, der postalischer Empfänger des Steuerverwaltungsaktes ist.

Nächste Frage an P: Müssen jetzt an jedem Steuerverwaltungsakt außer der Finanzbehörde immer noch drei weitere Personen beteiligt sein?

Nein, regelmäßig ist der Steuerschuldner auch Inhalts- und Bekanntgabeadressat.

In besonderen Fällen kommt es jedoch zu Abweichungen. So sind bei gesetzlicher Vertretung bzw. bei Gesamtrechtsnachfolge Inhaltsadressaten die gesetzlichen Vertreter bzw. die Erben.

Bei Steuerberatern mit Empfangsvollmacht bzw. Empfangsbevollmächtigten bei Feststellungsbescheiden sind Bekanntgabeadressaten der Steuerberater (§ 80 Abs. 5 Satz 1) bzw. der Empfangsbevollmächtigte (§ 183).

▰ Fall 35

P hat sich nun mit der Problematik zu befassen was passiert, wenn das Finanzamt bei der Bekanntgabe einen Fehler gemacht hat?

Wurde ein falscher Inhaltsadressat genannt, ist der Verwaltungsakt nichtig (§ 124 Abs. 3).

Anders verhält es sich, wenn der Adressat zwar ungenau bezeichnet ist, seine Identität jedoch zweifelsfrei bestimmbar ist: Dann ist der Verwaltungsakt wirksam.

In der Praxis – und der Klausur – kommt es auch vor, dass ein falscher Empfänger angegeben wurde. Erfolgte die Bekanntgabe nicht an den empfangsbevollmächtigten Steuerberater, sondern an den Steuerpflichtigen, ist wie folgt zu differenzieren:

– War die Empfangsvollmacht dem Finanzamt nicht bekannt oder nicht ausdrücklich mitgeteilt, erfolgte wirksame Bekanntgabe.

– War sie dagegen ausdrücklich mitgeteilt, dann hat das Finanzamt kein Ermessen, sondern muss sich an den Bevollmächtigten wenden.

Es liegt somit mit Bekanntgabe an den Steuerpflichtigen noch kein wirksamer Verwaltungsakt vor (§§ 122 Abs. 1 Satz 3, 80 Abs. 5 Satz 1).

Erhält der Steuerberater dann jedoch den Bescheid vom Steuerpflichtigen ausgehändigt, tritt hierdurch „Heilung" ein, wirksame Bekanntgabe ist dann zu bejahen (analog § 9 Abs. 1 VwZG).

Fall 36

Zum Abschluss der Bekanntgabethematik hat sich P noch mit der Bekanntgabe von Feststellungsbescheiden zu beschäftigen. Hierfür gelten nämlich Besonderheiten. Welche sind dies?

Bei einer Gesellschaft im Sinn des § 15 Abs. 1 Nr. 2 EStG (insbesondere BGB-Gesellschaft, Offene Handelsgesellschaft, Kommanditgesellschaft) erzielen nur die Beteiligten selbst Einkünfte, nicht aber die Gesellschaft oder die Gemeinschaft (beispielsweise Erbengemeinschaft) (§§ 179 Abs. 2 Satz 2, 181 Abs. 1 Satz 1, 157 Abs. 1 Satz 2). Deshalb ist bei der einheitlichen und gesonderten Feststellung von Gewinn bzw. Überschuss (§ 180 Abs. 1 Satz 1 Nr. 2(a)) der Feststellungsbescheid an alle Beteiligten zu adressieren, nicht an die Gesellschaft oder Gemeinschaft als solche.

Wer ist aber nun Empfänger des Feststellungsbescheides?

Um eine Antwort zu finden, blättert P wiederum im Gesetz (§ 183).

Empfänger des Feststellungsbescheides ist grundsätzlich der bestellte Empfangsbevollmächtigte (§ 183 Abs. 1 Satz 1), anderenfalls gilt (Fiktion) der Vertreter (beispielsweise nach HGB oder GmbHG) als bevollmächtigt (§ 183 Abs. 1 Satz 2).

Erfolgte keine Bestellung und greift auch die Fiktion nicht, finden sich die weiteren Regelungen in § 183 Abs. 1 Sätze 3 und 4. Das Finanzamt fordert die Beteiligten auf, einen Empfangsbevollmächtigten zu benennen, setzt ihnen hierzu eine Frist und schlägt seinerseits einen Bevollmächtigten vor mit dem Hinweis, dass mit Empfang der Verwaltungsakte durch diesen die Bekanntgabe für und gegen alle Beteiligten wirkt.

Wurde seitens der Gesellschaft oder Gemeinschaft hierauf ein Bevollmächtigter benannt, ist er Empfänger des Bescheides, falls nicht, gilt der Vorschlag des Finanzamtes.

Gilt dies immer, fragt sich P, oder gibt es Ausnahmen, in welchen Fiktion und Benennung nicht greifen?

Ist dem Finanzamt bekannt, dass die Gesellschaft oder Gemeinschaft nicht mehr besteht, dass ein Gesellschafter ausgeschieden ist oder zwischen ihnen Streit herrscht, gilt weder der Vertreter als bevollmächtigt noch ist das Benennungsverfahren anzuwenden (§ 183 Abs. 2 Satz 1, Abs. 3). Der Bescheid ist dann nach § 183 Abs. 2 Satz 2 den Beteiligten einzeln bekannt zu geben.

Übersicht 4: Wirksamkeitsvoraussetzungen Verwaltungsakt (Prüfschema)

Folgende Punkte sind bei Verwaltungsakten immer zu prüfen:

Ist der Verwaltungsakt inhaltlich hinreichend bestimmt?
notwendiger Inhalt beim Steuerbescheid:

- Steuerart
- Steuerhöhe
- Steuerschuldner

Erfolgte Bekanntgabe des Verwaltungsaktes?

- regelmäßig an Steuerschuldner
- gegebenenfalls an Inhaltsadressaten
- oder Bekanntgabeadressaten
- Bei **Feststellungsbescheiden** an Gesellschaften: Adressierung an alle Beteiligte mit Varianten der Empfangsbevollmächtigung (§ 183)

Lektion 8: Korrektur von Steuerverwaltungsakten

Ein Steuerverwaltungsakt mag zwar von dem, der ihn erlassen hat, durchaus „für die Ewigkeit" gedacht sein, es gibt jedoch auch für „Ewiges" Möglichkeiten der Korrektur, wie die nachfolgenden Fälle zeigen werden:

Systematik der Korrekturvorschriften

Fall 37

Den Steuerpflichtigen K interessiert, ob an ihn gerichtete Verwaltungsakte, insbesondere Steuerbescheide, jederzeit geändert werden können oder ob es da auch Grenzen gibt?

Sobald ein Verwaltungsakt ordnungsgemäß bekannt gegeben wurde, ist er **materiell bestandskräftig** (§§ 122, 124 Abs. 1). Das Finanzamt kann den Bescheid des K dann ohne Korrekturvorschrift nicht mehr ändern.

Sobald die Rechtsbehelfsfrist (§ 355) abgelaufen ist, wird er **formell bestandskräftig**. Der Steuerpflichtige K kann dann keine Änderung mehr verlangen.

K fragt sich, was denn jetzt genau mit Korrekturvorschriften gemeint ist. Er hätte zuerst gerne einen kurzen Überblick, welche es in der AO überhaupt gibt?

Die **Korrekturvorschriften** der AO ermöglichen es, bestandskräftige Verwaltungsakte zu ändern:

- § 129 gilt dabei für **alle Verwaltungsakte** der **AO**

- §§ 130, 131 gelten **nicht** für Steuerbescheide und gleichgestellte Bescheide

- §§ 164, 165, 172 – 177 gelten **nur** für Steuerbescheide und gleichgestellte Bescheide.

Berichtigung offenbarer Unrichtigkeiten in Steuerbescheiden und anderen Steuerverwaltungsakten

Fall 38

K hat einen Steuerbescheid erhalten. Bei genauem Hinsehen bemerkt er, dass der Finanzbeamte B bei der Eingabe in den Computer die Lohnsteuerkarte falsch abgeschrieben hat. Statt 12.000 € brutto wurde ein Bruttogehalt von 21.000 € eingesetzt („Zahlendreher"). Des weiteren wurden beim Abschreiben der Werbungskosten die Beträge falsch zusammengerechnet („300 € + 200 € = 400 €"). Was ist B hier passiert?

Es liegt hier eine **offenbare Unrichtigkeit** beim Erlass des Verwaltungsaktes (§ 129) durch B vor. Hierunter fallen Schreibfehler, Rechenfehler und ähnliche **Unrichtigkeiten**, also rein **mechanische Fehler**.

Die Unrichtigkeit ist für jeden objektiven Dritten ohne lange Nachforschungen erkennbar (Lohnsteuerkarte liegt der Erklärung bei, Rechenfehler aufgrund der Zahlen erkennbar), es handelt sich somit um eine **offenbare** Unrichtigkeit.

Keine offenbare Unrichtigkeit sind dagegen Rechtsfehler, das heißt Fehler bei der Anwendung beispielsweise von Gesetzen oder Richtlinien.

Hinweis: *immer wenn in Klausuren Begriffe wie „übersehen", „verschreiben", „verrechnen", „vergessen", „versehentlich" verwendet werden, sind dies Hinweise auf § 129.*

K fragt sich, wem die offenbare Unrichtigkeit passiert sein muss?

Da es sich um **Fehler beim Erlass eines Verwaltungsaktes** handelt, sind nur Fehler des Finanzamtes berichtigungsfähig.

Bei **Fehlern des Steuerpflichtigen** ist dagegen zu differenzieren, ob es sich um einen sonstigen Verwaltungsakt oder einen Steuerbescheid handelt: Hat er sich z.B. bei der Berechnung des zu stundenden Betrags offensichtlich verrechnet und wird der Betrag von dem Finanzbeamten übernommen, liegt eine offenbare Unrichtigkeit nach § 129 AO vor. Hat er sich dagegen bei der Erstellung der Steuererklärung offensichtlich verrechnet, liegt bei Übernahme des Fehlers durch den Finanzbeamten in den Steuerbescheid ein Fall des § 173a AO vor (Siehe dazu Fall 51).

Bis wann kann die Unrichtigkeit im Bescheid des K berichtigt werden?

Jederzeit, jedoch nur bis Ablauf der Festsetzungsfrist (§ 169 Abs. 1 Satz 2). Wie sich diese berechnet, wird ausführlich in den Lektionen 5 und 9 dargestellt.

K liest im Gesetz das Wörtchen „kann" und fragt sich, inwieweit das Finanzamt berichtigen muss?

Das Finanzamt hat zwar Ermessen (§ 5), bei berechtigtem Interesse des K besteht jedoch ein Rechtsanspruch auf Berichtigung. Hier führen die Fehler im Ergebnis zu einer höheren Steuerfestsetzung gegenüber K, so dass das Finanzamt berichtigen muss. Das Ermessen ist damit „auf Null" reduziert.

Was kann K tun, wenn sich das Finanzamt weigert, die Fehler zu berichtigen oder wenn es – nach Meinung des K – zu Unrecht eine Fehlerberichtigung vornimmt?

K kann nach § 347 Abs. 1 Satz 1 Nr. 1 Einspruch hiergegen einlegen. Wie das funktioniert, erfahren Sie in Lektion 12.

Leitsatz 8

Offenbare Unrichtigkeiten

Die Berichtigungsmöglichkeit für offenbare Unrichtigkeiten nach § 129 gilt für Steuerbescheide und sonstige Verwaltungsakte. Bei in den Steuerbescheid übernommenen Fehlern des Steuerpflichtigen gilt jedoch § 173a.

Rücknahme eines rechtswidrigen Verwaltungsaktes

 Fall 39

Gegenüber K wurde – rechtswidrig – Beschlagnahme angeordnet. K fragt sich, ob das Finanzamt diese wieder zurücknehmen kann?

Ein rechtswidriger Verwaltungsakt kann, auch nachdem er unanfechtbar geworden ist, ganz oder teilweise mit Wirkung für die Zukunft oder die Vergangenheit zurückgenommen werden (§ 130 Abs. 1).

Lektion 8: Korrektur von Steuerverwaltungsakten

Gilt dies auch für einen rechtswidrigen Steuerbescheid des K?

Nein, auf **Steuerbescheide** und gleichgestellte Bescheide ist § 130 **nicht anwendbar!** (§ 172 Abs. 1 Nr. 2 (d) Halbsatz 2).

Achtung: In der Klausur wäre dies ein „tödlicher" Fehler!

Welche Fälle dürfen außerdem nicht vorliegen?

- Kein rechtmäßiger Verwaltungsakt – dann wäre § 131 zu prüfen
- Kein Fall des § 125, dann wäre der Verwaltungsakt nichtig
- Kein heilbarer Formfehler nach § 126
- Keine offenbare Unrichtigkeit nach § 129

▌ Fall 40

Bei einer dem K rechtswidrig gewährten Stundung handelt es sich um einen für K vorteilhaften Verwaltungsakt. Ist eine Rücknahme im selben Umfang möglich?

Bei einem **rechtswidrigen begünstigenden Verwaltungsakt** wird die Rücknahmemöglichkeit eingeschränkt (§ 130 Abs. 2). Dieser darf nur dann zurück genommen werden, wenn

- der Verwaltungsakt von einer sachlich unzuständigen Behörde erlassen worden ist (Nr. 1)
- er durch unlautere Mittel wie Täuschung, Drohung oder Bestechung erwirkt worden ist (Nr. 2)
- ihn der Begünstigte durch Falschangaben erwirkt hat (Nr. 3)
- der Steuerpflichtige die Rechtswidrigkeit kannte oder grob fahrlässig nicht kannte (Nr. 4).

▌ Fall 41

Muss das Finanzamt den rechtswidrigen Verwaltungsakt zurücknehmen?

Es handelt sich hierbei um eine **Ermessensentscheidung** („kann") (§ 5). Wenn das Finanzamt die Rücknahme nach abgelaufener Rechtsbehelfsfrist ablehnt und Wiedereinsetzungsgründe nicht vorhanden sind, liegt grundsätzlich kein Ermessensfehler vor.

Wie lange hat das Finanzamt Zeit zur Rücknahme?

Die Frist zur Rücknahme eines rechtswidrigen begünstigenden Verwaltungsaktes beträgt ein Jahr ab Kenntnisnahme der Rechtswidrigkeit (§ 130 Abs. 3 Satz 1).

Beachte: Dies gilt nicht bei Täuschung, Drohung, Bestechung (§ 130 Abs. 3 Satz 2).

Widerruf eines rechtmäßigen Verwaltungsaktes

▰ Fall 42
Gegen K wurde eine – rechtmäßige – Beschlagnahmeanordnung verhängt. Kann das Finanzamt diese widerrufen?

Ein rechtmäßiger nicht begünstigender Verwaltungsakt kann, auch nachdem er unanfechtbar geworden ist, ganz oder teilweise mit Wirkung für die Zukunft oder die Vergangenheit widerrufen werden (§ 131 Abs. 1).

Gilt dies auch dann, wenn die Anordnung gleich wieder getroffen werden müsste?

Nein, da es sich dann hinsichtlich der Anordnung um eine gebundene Entscheidung handelt, da „ein Verwaltungsakt gleichen Inhalts erneut erlassen werden müsste".

▰ Fall 43
Diesmal wurde dem K rechtmäßig Stundung gewährt. Inwieweit darf diese widerrufen werden?

Da es sich bei der gewährten Stundung um einen rechtmäßigen begünstigenden Verwaltungsakt handelt, ist der Widerruf nach § 131 Abs. 2 Satz 1 nur möglich, wenn

– dies durch Rechtsvorschrift ausdrücklich zugelassen oder im Verwaltungsakt vorbehalten wurde (Nr. 1)
– mit dem Verwaltungsakt verbundene Auflagen nicht oder nicht fristgerecht erfüllt wurden (Nr. 2)

- die Finanzbehörde aufgrund nachträglich eingetretener Tatsachen berechtigt wäre, den Verwaltungsakt nicht zu erlassen und wenn ohne den Widerruf das öffentliche Interesse gefährdet wäre (Nr. 3).

Fall 44
Wie lange hat das Finanzamt Zeit zum Widerruf?

Die Frist zum Widerruf eines rechtmäßigen begünstigenden Verwaltungsaktes beträgt wie bei § 130 ein Jahr (§§ 131 Abs. 2 Satz 2, 130 Abs. 3).

Leitsatz 9

Rücknahme und Widerruf

Rücknahme und Widerruf §§ 130, 131 sind nur bei sonstigen Verwaltungsakten möglich, nicht jedoch bei Steuerbescheiden.

Steuerfestsetzung unter Vorbehalt der Nachprüfung

Fall 45
K liest auf seinem Steuerbescheid den Zusatz „der Bescheid ergeht unter dem Vorbehalt der Nachprüfung". Eine Begründung ist nicht beigefügt. Durfte das Finanzamt das?

Ja, denn solange der Steuerfall noch nicht abschließend geprüft ist, können die Steuern unter dem Vorbehalt der Nachprüfung festgesetzt werden (§ 164 Abs. 1 Satz 1). Dies kann sogar noch im Einspruchsverfahren erfolgen. Eine Begründung für den Vorbehalt ist nicht notwendig. Das Finanzamt wird in der Regel dann unter Vorbehalt festsetzen, wenn eine Außenprüfung (§§ 193 ff.) geplant ist.

K möchte wissen, welche rechtlichen Auswirkungen dies auf seinen Bescheid hat?

Der Bescheid ist vollziehbar und vollstreckbar, hat jedoch noch keine materielle Bestandskraft. Der Vorbehalt umfasst auch immer die gesamte Festsetzung, nicht nur einzelne Punkte.

K blättert im Gesetz um herauszufinden, inwieweit der Bescheid während des Vorbehaltes änderbar ist?

Solange der Vorbehalt wirksam ist, kann die Steuerfestsetzung jederzeit – ohne Begründung – aufgehoben oder geändert werden (§ 164 Abs. 2 Satz 1) und zwar zugunsten oder zuungunsten des K.

Auch der Vorbehalt selbst kann jederzeit aufgehoben werden (§ 164 Abs. 3 Satz 1). Nach abschließender Prüfung des Falles, insbesondere aufgrund einer Außenprüfung, ist er aufzuheben (§ 164 Abs. 3 Satz 3).

K fragt sich, ob der Vorbehalt auch Einfluss auf die Festsetzungsverjährung hat?

Nein, er hemmt diese nicht und entfällt mit Ablauf der Festsetzungsfrist kraft Gesetzes (§ 164 Abs. 4).

Was muss K beim Einspruch beachten?

Der Vorbehalt der Nachprüfung ist eine unselbständige Nebenbestimmung, der Einspruch ist damit nur gegen den gesamten Bescheid statthaft. Ein nur gegen den Vorbehalt gerichteter Einspruch ist unzulässig, jedoch gegebenenfalls in einen Einspruch gegen den Steuerbescheid umzudeuten.

Vorläufige Steuerfestsetzung

Fall 46

K ist nebenbei auch noch begeisterter Pferdezüchter und betreibt dies als zweites berufliches Standbein. Auf seinem Steuerbescheid findet er einen Vorläufigkeitsvermerk „Der Bescheid ergeht vorläufig hinsichtlich der Gewinnerzielungsabsicht der Pferdezucht". K fragt sich, was das nun wieder soll?

Soweit ungewiss ist, ob die Voraussetzungen für die Entstehung einer Steuer („Gewinnerzielungsabsicht") eingetreten sind, kann sie vorläufig festgesetzt werden (§ 165 Abs. 1 Satz 1). Das Finanzamt kann dann die Entwicklung von K's Zuchtbetrieb in den Folgejahren beobachten und muss sich erst später ein abschließendes Urteil über dessen Gewinnerzielungsabsicht bilden.

K möchte wissen, ob der Vorläufigkeitsvermerk auch noch in anderen Fällen anzuwenden ist?

Ja, und zwar gemäß § 165 Abs. 1 Satz 2

- dann, wenn Ungewissheit besteht, ob sich ein DBA (Doppelbesteuerungsabkommen) zugunsten des Steuerpflichtigen auswirkt (Nr. 1)
- wenn das Bundesverfassungsgericht die Verfassungswidrigkeit einer Norm festgestellt hat und eine Neuregelung erforderlich ist (Nr. 2)
- sich auf Grund einer Entscheidung des Europäischen Gerichtshofs ein Bedarf für eine gesetzliche Neuregelung ergeben kann, (Nr. 2a)
- wenn ein Verfahren beim Europäischen Gerichtshof, Bundesverfassungsgericht oder einem obersten Bundesgericht anhängig ist. (Nr. 3)
- wenn die Auslegung eines Steuergesetzes Gegenstand eines Verfahrens beim Bundesfinanzhof (BFH) ist (Nr. 4).

Was hätte K zu beachten, wenn bei dem Vorläufigkeitsvermerk der Grund nicht angegeben worden wäre?

In diesem Fall ist die Nebenbestimmung rechtswidrig, nicht jedoch nichtig. Es ist jedoch, da es sich um eine unselbständige Nebenbestimmung handelt, der Einspruch nur gegen den gesamten Bescheid statthaft, nicht gegen den Vermerk allein.

Ein nur gegen den Vorläufigkeitsvermerk gerichteter Einspruch ist unzulässig, jedoch gegebenenfalls in einen Einspruch gegen den Steuerbescheid umzudeuten.

Ein Nachholen der Begründung ist nach § 126 Abs. 1 Nr. 2 möglich.

Letzte Frage von K zum Thema: Was genau sind nun die Rechtsfolgen des Vorläufigkeitsvermerks?

Der Bescheid kann, soweit die Vorläufigkeit reicht, jederzeit nach § 165 Abs. 2 Satz 1 geändert werden (punktuelle Änderung), er wird somit nur zum Teil materiell bestandskräftig. Es tritt auch insoweit keine Festsetzungsverjährung ein (§ 171 Abs. 8).

Leitsatz 10

Nachprüfungsvorbehalt und Vorläufigkeitsvermerk

Nachprüfungsvorbehalt und Vorläufigkeitsvermerk §§ 164, 165 sind nur bei Steuerbescheiden möglich, nicht jedoch bei sonstigen Verwaltungsakten.

Schlichte Änderung von Steuerbescheiden

Fall 47

K hat seinen Einkommensteuerbescheid erhalten, in welchem das Finanzamt weniger Fahrkilometer berücksichtigt hat, als von K angegeben. K, kein Freund von „großem Schreibkram", möchte deswegen keinen Einspruch einlegen, sondern „die Sache" möglichst unkompliziert bereinigen. Wie kann er das erreichen?

K hat die Möglichkeit, Antrag auf schlichte Änderung zu stellen (§ 172 Abs. 1 Nr. 2 (a)). Er befindet sich dann außerhalb des förmlichen Rechtsbehelfsverfahrens (Einspruch). Dies hat zur Folge, dass weitgehend andere Regeln gelten als im Einspruchsverfahren.

Hinweis: *Das Einspruchsverfahren ist in Lektion 12 ausführlich dargestellt. An dieser Stelle wird nur auf wichtige Unterschiede und Gemeinsamkeiten hingewiesen.*

K greift zum Telefonhörer, um „seinen" Finanzbeamten B anzurufen und seinen Änderungsantrag vorzubringen. Reicht das aus?

Ja, denn im Gegensatz zum Einspruch (Schriftformerfordernis § 357 Abs. 1 Satz 1) ist der Antrag auf schlichte Änderung nicht an eine bestimmte Form gebunden und damit auch telefonisch möglich.

K möchte als nächstes wissen, wie lange er für seinen Antrag Zeit hat?

Da es sich um einen Antrag zu seinen Gunsten handelt (mehr berücksichtigte Fahrkilometer bedeuten für ihn mehr Werbungskosten und damit weniger Steuern), muss er den Antrag vor Ablauf der Einspruchsfrist stellen (§ 172 Abs. 1 Nr. 2 (a) 2. Halbsatz).

Was wäre, wenn K einer Änderung zu seinen Ungunsten zustimmen würde oder diese beantragt?

Die Zustimmung bzw. der Antrag zur Änderung zuungunsten ist nicht fristgebunden (§ 172 Abs. 1 Nr. 2 (a) 1. Halbsatz).

K fragt sich, wie weit der Fall „aufgerollt" wird und ob er eventuell eine im Vergleich zum Bescheid nachteilige Änderung zu befürchten hat (Er hat etwas zu hohe Telefonkosten angesetzt, deren Streichung er bei genauerer Überprüfung durch das Finanzamt befürchtet ...)?

Im Gegensatz zum Einspruch, bei welchem der gesamte Fall nochmals aufgerollt wird (§ 367 Abs. 2 Satz 1), erfolgt die schlichte Änderung nur, soweit der Antrag des K reicht. Eine Verböserung wie im Einspruchsverfahren (§ 367 Abs. 2 Satz 2) ist damit nicht möglich (die Telefonkosten sind nicht „in Gefahr").

Was kann K tun, wenn seinem Antrag nicht entsprochen wird? Muss er, wie gegen eine Einspruchsentscheidung, Klage (§ 40 FGO) einreichen?

Nein, er kann dann Einspruch einlegen (§ 347 Abs. 1 Satz 1).

Aufhebung oder Änderung von Steuerbescheiden wegen neuer Tatsachen oder Beweismittel

Fall 48
K hat seine Unterlagen sortiert und hierbei „so einiges" gefunden, was er gerne noch für seine bereits unanfechtbar festgesetzte Einkommensteuer berücksichtigt haben möchte. Er hat im Gesetz über „neue Tatsachen und Beweismittel" („was immer das ist") gelesen und fragt sich, ob man da „nicht was machen könne". Können Sie ihm weiterhelfen?

Die Änderungsvorschrift des § 173 eröffnet die Möglichkeit der Änderung aufgrund neuer Tatsachen oder Beweismittel.

Tatsache: ist alles, was Merkmal eines gesetzlichen Tatbestandes sein kann (beispielsweise Kinder für Kindergeldansprüche, der Familienstand für die Veranlagungsform, die Gewinnerzielungsabsicht, Einnahmen oder

Ausgaben für die Gewinnermittlung,) – Nicht jedoch Rechtsnormen und Schlussfolgerungen (insbesondere steuerrechtliche Sachverhaltsbewertungen (Subsumtionen)).

Beweismittel: ist jedes Erkenntnismittel, das zur Aufklärung eines steuerlich erheblichen Sachverhaltes dient (Urkunden, Verträge, Geschäftspapiere, Auskünfte).

K findet in seinem Karton verschiedene Unterlagen, die – mangels bisheriger Einreichung – alle vom Finanzamt nicht berücksichtigt worden sind. Eine Bücherrechnung lag K bereits zum Zeitpunkt der Erstveranlagung vor. Eine Spendenquittung hat er dagegen erst nach der Erstveranlagung erhalten, da die unterstützte Organisation mit der Ausstellung zu spät dran war. Liegt nachträgliches Bekanntwerden vor, wenn K die Belege nunmehr beim Finanzamt nachreicht?

Tatsachen oder Beweismittel **werden nachträglich bekannt**, wenn sie im Zeitpunkt der Erstveranlagung zwar vorhanden, aber dem Finanzamt noch nicht bekannt sind.

Somit ist lediglich die Bücherrechnung nach § 173 nachträglich bekannt geworden, da sie im Zeitpunkt der Erstveranlagung bereits vorhanden war, nicht jedoch die Spendenquittung.

Ein nachträgliches Bekanntwerden eröffnet aber nicht immer schon von selbst die Möglichkeit einer Änderung nach § 173, wie die folgenden Fälle zeigen werden.

Fall 49
Der Bescheid des K wird aufgrund einer nachträglich bekannt gewordenen Betriebseinnahme geändert, was eine Steuererhöhung zur Folge hat. Ist dies in jedem Fall zulässig?

Ja, dies ist grundsätzlich zulässig. Führt die Änderung zu einer **höheren Steuer** (§ 173 Abs. 1 Nr. 1), wird jedoch dann nach Treu und Glauben Vertrauensschutz gewährt, wenn das Finanzamt seine Ermittlungspflicht verletzt hat. Dies ist beispielsweise dann der Fall, wenn das Finanzamt trotz erkannter Unstimmigkeiten in der Steuererklärung nicht beim Steuerpflichtigen nachfragt.

Welche Ermittlungspflichten das Finanzamt im Einzelnen hat, können Sie in Lektion 4 nachlesen.

Fall 50

K möchte die Änderung des Bescheides aufgrund nachträglich bekannt gewordener Betriebsausgaben, was für ihn eine Steuerminderung zur Folge hätte. Die Belege über die Ausgaben hatte K „mal wieder verschusselt" und erst später gefunden und nachgereicht. Wird er mit seinem Antrag Erfolg haben?

Nur, wenn ihn kein grobes Verschulden daran trifft, dass die zur Steuerminderung führenden Betriebsausgaben erst nachträglich bekannt werden (§ 173 Abs. 1 Nr. 2 Satz 1). Bei einem notorischen Schlamper ist grobes Verschulden regelmäßig zu bejahen.

Ist das Verschulden bei Steuerminderungen immer zu beachten?

Nein, es ist unbeachtlich, wenn die steuermindernden Tatsachen oder Beweismittel in einem unmittelbaren oder mittelbaren Zusammenhang mit steuererhöhenden Tatsachen oder Beweismitteln stehen (§ 173 Abs. 1 Nr. 2 Satz 2).

K rechnet nun die nachträglich bekannt gewordenen Betriebseinnahmen mit den Betriebsausgaben zusammen und möchte auf das Ergebnis (Saldo) den § 173 anwenden. Darf er das?

Nein, aufgrund des Saldierungsverbotes dürfen steuererhöhende nicht mit steuermindernden Tatsachen oder Beweismitteln saldiert werden. Beide Vorgänge sind immer getrennt nach § 173 Abs. 1 Nr. 1 und 2 zu beurteilen.

Hinweis: *Das Saldierungsverbot steht nicht im Widerspruch zur Unbeachtlichkeit des Verschuldens nach § 173 Abs. 1 Nr. 2 Satz 2.*

Das Saldierungsverbot normiert das Verbot der Vermischung von steuererhöhenden und steuermindernden Tatsachen oder Beweismitteln.

Die Unbeachtlichkeit des Verschuldens soll lediglich die Möglichkeit eröffnen, bei bestehendem Zusammenhang mit steuererhöhenden Tatsachen auch die steuermindernden zu berücksichtigen.

Schreib- oder Rechenfehler bei Erstellung einer Steuererklärung

■ Fall 51
K hat sich bei der Aufstellung seiner Fahrkosten verrechnet, der Finanzbeamte hat den falschen Wert aus der Aufstellung, die der Steuererklärung beilag, übernommen. Ist eine Korrektur möglich?

Der Bescheid ist zu ändern, da dem K bei der Erstellung der Steuererklärung ein offensichtlicher Rechenfehler unterlaufen ist (§ 173a). Eine Änderung ist dabei sowohl zugunsten als auch zulasten des K möglich.

Widerstreitende Steuerfestsetzungen in Steuerbescheiden

■ Fall 52
K bemerkt bei Durchsicht seiner Einkommensteuerbescheide 01 und 02, dass Einnahmen aus Gewerbebetrieb statt nur in 01 in beiden Jahren angesetzt worden sind. Was kann er tun?

Den doppelt erfassten Sachverhalt nennt man „positiven Widerstreit". Geschieht dies, wie hier, zuungunsten eines (oder mehrerer) Steuerpflichtiger, ist der fehlerhafte Steuerbescheid auf Antrag zu ändern (§ 174 Abs. 1).

Was würde sich ändern, wenn statt Einnahmen Betriebsausgaben doppelt berücksichtigt worden wären?

Bei positivem Widerstreit zugunsten eines (oder mehrerer) Steuerpflichtiger ist eine Änderung nur dann zulässig, wenn die Berücksichtigung des Sachverhalts auf einen Antrag oder eine Erklärung des Steuerpflichtigen zurückzuführen ist (§ 174 Abs. 2). Das heißt, wenn K die Betriebsausgaben in seiner Erklärung korrekt angegeben hat, ist eine Änderung unzulässig und K kann hiergegen mit dem Einspruch (§ 347) vorgehen.

■ Fall 53
Eine Spende des K ist vom Finanzbeamten B im Veranlagungsverfahren zur Einkommensteuer 01 nicht berücksichtigt worden in der – irrigen – Annahme, sie wäre in 02 zu berücksichtigen. Bei der späteren Veranlagung 02 wird sie jedoch dann auch nicht angesetzt. Was ist zu tun?

Da hier der Sachverhalt „Spende" gar nicht erfasst wurde, liegt ein **„negativer Widerstreit"** vor. Die Festsetzung 01 ist insoweit zu ändern (§ 174 Abs. 3).

Fall 54

K hat gegen die Nichtberücksichtigung von Betriebsausgaben in der Einkommensteuerveranlagung 01 Einspruch eingelegt, der Bescheid 01 wurde daraufhin geändert. Die Betriebsausgaben wurden ursprünglich vom Finanzbeamten B in der Einkommensteuerveranlagung 02 angesetzt. Was wird B tun?

Durch das erfolgreiche Rechtsbehelfsverfahren 01 ist eine Kollision entstanden. B wird den Bescheid 02 dahingehend ändern, dass er die in 01 gehörenden Betriebsausgaben in 02 nunmehr herausstreichen wird (§ 174 Abs. 4).

Fall 55 (Exkurs)

K hat – wie im Grundfall – gegen die Nichtberücksichtigung von Betriebsausgaben in der Einkommensteuerveranlagung 01 Einspruch eingelegt, der Bescheid 01 wurde daraufhin geändert.
Anders als im Grundfall wurden die – herauszustreichenden – Betriebsausgaben jedoch ursprünglich fälschlicherweise bei K's Geschäftspartner S in dessen Einkommensteuerveranlagung angesetzt. Wie ist die Rechtslage, wenn S am Verfahren des K beteiligt bzw. nicht beteiligt wurde?

Die Änderung des den K betreffenden Einkommensteuerbescheides 01 ist und bleibt zulässig.

Eine Änderung des den S betreffenden Bescheides ist dagegen nur zulässig, wenn S als „Dritter" am Rechtsbehelfsverfahren des K beteiligt war (§ 174 Abs. 5).

Wenn eine solche Beteiligung des S dagegen nicht stattgefunden hat, dann ist eine Änderung nach § 174 Abs. 4 und 5 ihm gegenüber nicht mehr möglich.

Aufhebung oder Änderung von Steuerbescheiden in sonstigen Fällen

▰▰▰ Fall 56

K erhält für seinen Betrieb einen geänderten Gewerbesteuermessbescheid 01, da im ursprünglichen Gewerbesteuermessbescheid 01 Betriebsausgaben des K nicht in korrekter Höhe berücksichtigt worden sind. Hat dies irgendwelche Auswirkungen auf seinen ihm bereits zugegangenen Gewerbesteuerbescheid 01?

Ja, denn der Gewerbesteuermessbescheid 01 (Grundlagenbescheid) ist für den Gewerbesteuerbescheid 01 (Folgebescheid) bindend (§§ 182 Abs. 1, 171 Abs. 10). Wird der Grundlagenbescheid geändert, ist auch der Folgebescheid zu ändern (§ 175 Abs. 1 Satz 1 Nr. 1). Dem K wird also bald ein geänderter Gewerbesteuerbescheid zugehen.

Ändert sich etwas, wenn der Folgebescheid bereits bestandskräftig ist? Nein, eine Änderung hat auch bei bestandskräftigem Folgebescheid zu erfolgen.

▰▰▰ Fall 57

K hat mit U in 01 einen Kaufvertrag abgeschlossen, welcher nun aufgrund Anfechtung in 04 durch K rückabgewickelt wurde. Hierdurch hat K auch den in 01 gezahlten Kaufpreis wieder zurückerhalten. Wie wirkt sich das auf seinen Einkommensteuerbescheid 01 aus?

Bei der Anfechtung handelt es sich um ein Ereignis, das steuerliche Wirkung für die Vergangenheit hat (rückwirkendes Ereignis). Dieses ist nach Ergehen des Steuerbescheides 01 eingetreten. Der Einkommensteuerbescheid 01 ist somit gemäß § 175 Abs. 1 Satz 1 Nr. 2 zu ändern.

K, welcher nunmehr seine Geschäftsbeziehungen genauer nach rückwirkenden Ereignissen „durchforsten" will, möchte wissen, was sonst noch so darunter fällt?

Rückwirkende Ereignisse sind beispielsweise auch Minderung oder Erhöhung der Anschaffungskosten, Folgewirkungen einer Bilanzberichtigung, nicht dagegen vertraglich vereinbarte Rückwirkung, Steuerklauseln, Rechtsprechungs- oder Gesetzesänderungen.

Vertrauensschutz bei der Aufhebung oder Änderung von Steuerbescheiden

Fall 58

K, dem als eifriger Zeitungsleser nicht entgeht, dass sich das Steuerrecht im stetigen Wandel befindet, fragt sich besorgt, ob das spätere Wegfallen von für ihn günstigen Normen negativen Einfluss auf „seinen" Steuerbescheid hat. Ist seine Befürchtung berechtigt, wenn die Bescheide nach §§ 172 ff., 164, 165 geändert werden?

Nein, denn im Fall der Änderungen oder Aufhebungen von Steuerbescheiden nach §§ 172 ff., 164, 165 gewährt § 176 Vertrauensschutz. Es bleibt zugunsten des Steuerpflichtigen grundsätzlich die Rechtslage maßgeblich, die bei Bekanntgabe der ursprünglichen Steuerfestsetzung bestand.

K kann damit auch nach Bekanntgabe des erstmaligen Bescheides auf die diesem zu Grunde liegende Gesetzgebung, Rechtsprechung oder Verwaltungsvorschrift vertrauen.

Wie verhält es sich im Einspruchsverfahren?
Im Einspruchsverfahren (§§ 347 ff.) gilt § 176 nicht, eine Verböserung nach § 367 Abs. 2 Satz 2 ist somit – wenn der Einspruch nicht zurück genommen wird – möglich.

Und was ist, wenn sich die Rechtslage nach erstmaligem Ergehen des Steuerbescheides zu seinen Gunsten ändert?
Einer Änderung zu Gunsten des Steuerpflichtigen steht § 176 selbstverständlich nicht entgegen.

Berichtigung von materiellen Fehlern in Steuerbescheiden

Fall 59

K erhält seinen Einkommensteuerbescheid 03. Dieser enthält zwar Fehler, diese fallen jedoch nicht unter die Änderungsvorschriften der §§ 172 ff. K, welcher bei seiner Gesetzeslektüre den § 177 gefunden hat, sagt sich, „materielle Fehler" sind das allemal, also kann ich sie nach § 177 berichtigen lassen. Hat er damit Recht?

Nein, denn § 177 ist **keine eigene Korrekturvorschrift** sondern erlaubt nur die **Mitberichtigung** von materiellen Fehlern, wenn für den Bescheid ansonsten die Voraussetzungen der Änderungsvorschriften der §§ 172 ff. vorliegen. Ziel ist das weitest mögliche Erreichen der materiell richtigen Steuer.

Fall 60

In der Einkommensteuerfestsetzung des K für 04 hatten sich einige Änderungen nach §§ 172–175 ergeben, sowie einige materielle Fehler. Im Einzelnen handelt es sich um folgende Beträge:

Bisher festgesetzte Steuer: 10.000 €,
steuererhöhende Änderungen: 400 € und 600 €,
steuermindernde Änderungen: 800 € und 700 €,
steuererhöhende materielle Fehler: 200 €,
steuermindernde materielle Fehler: 1.300 €.
Wie hat die Berechnung zu erfolgen?

In einem **1. Schritt** ist die Summe der steuererhöhenden Änderungen zu ermitteln, hier 1.000 € (400 € + 600 €). Addiert man die bisherige Steuer (10.000 €) hinzu, erhält man die **Obergrenze** für die Festsetzung, hier 11.000 € (§ 177 Abs. 1).

In einem **2. Schritt** ist die Summe der mindernden Änderungen (Negativbetrag!), zu ermitteln hier –1.500 € (800 € + 700 €). Addiert man die bisherige Steuer (10.000 €) hinzu, erhält man die **Untergrenze** für die Festsetzung, hier 8.500 € (§ 177 Abs. 2).

In einem **3. Schritt** ist nunmehr die **materiell richtige Steuer** zu ermitteln, also die bisherige Steuer zuzüglich steuererhöhender und abzüglich steuermindernder Änderungen und zuzüglich steuererhöhender und abzüglich steuermindernder materieller Fehler hier also 8.400 € (10.000 € + 1.000 € – 1.500 € + 200 € – 1.300 €).

Da hier die materiell richtige Steuer unterhalb der Untergrenze liegt, ist diese festzusetzen (**4. Schritt**), somit statt 8.400 € tatsächlicher Steuer ein Betrag von 8.500 €.

Leitsatz 11

Änderungsvorschriften

Die Änderungsvorschriften §§ 172 ff. sind nur bei Steuerbescheiden anwendbar, nicht jedoch bei sonstigen Verwaltungsakten.

Nochmals zur Systematik der Korrekturvorschriften

Die Korrekturvorschriften der AO orientieren sich also ganz akribisch an der Unterscheidung zwischen Steuerbescheiden und sonstigen Verwaltungsakten. Für beide existieren jeweils eigene Normen.

Hierzu im Folgenden ein zusammenfassender Überblick:

Übersicht 5: Korrektur von Verwaltungsakten

Andere Verwaltungsakte	Steuerbescheid / gleichgestellte Bescheide
§ 129 offenbare Unrichtigkeit (wenn kein Fall des § 173a)	
§ 130 Rücknahme rechtswidriger VA § 131 Widerruf rechtmäßiger VA	– –
– –	§ 164 Vorbehalt der Nachprüfung § 165 Vorläufige Steuerfestsetzung
–	§ 172 schlichte Änderung § 173 neue Tatsachen/Beweismittel § 173a Schreib-/Rechenfehler des Steuerpflichtigen § 174 Widerstreitende Festsetzung § 175 Sonstige Fälle § 176 Vertrauensschutz § 177 Berichtigung materieller Fehler

III. Einzelprobleme

Verjährung und Haftung sind grundlegende Probleme, die in jeder AO-Klausur gerne geprüft werden.

Lektion 9: Verjährung

Welche zeitlichen Grenzen sind der Finanzbehörde bei der Festsetzung und Beitreibung der Steuern gesetzt? Arbeiten Sie hierzu die folgenden Fälle durch:

Festsetzungsverjährung

Fall 61

Der Steuerpflichtige K hat seinen Einkommensteuerbescheid 01 in 07 vom Finanzamt erhalten. Er fragt sich nunmehr, ob sich das Finanzamt mit der Bearbeitung der Steuererklärung ewig Zeit lassen kann. Helfen Sie ihm bei der Suche im Gesetz.

Steuerbescheide, gleichgestellte Bescheide und Haftungsbescheide (über § 191 Abs. 5 Satz 1 Nr. 2) unterliegen der Festsetzungsverjährung nach § 169. Nicht hierunter fallen sonstige Verwaltungsakte. Eine Abgrenzung der genannten Begriffe finden Sie in Lektion 6 zum Thema „Steuerverwaltungsakte".

Festsetzungsverjährung klingt gut, findet K und möchte wissen, welche Frist das Finanzamt für seinen Steuerbescheid einhalten muss?

Die Festsetzungsfrist für den Steuerbescheid beträgt vier Jahre (§ 169 Abs. 2 Satz 1 Nr. 2 Satz 1).

Vier Jahre, freut sich K, dann hat das Finanzamt ja die Festsetzungsfrist nicht eingehalten. Hat er damit Recht?

Das hängt davon ab, wann er seine Einkommensteuererklärung 01 beim Finanzamt eingereicht hat. Die Festsetzungsfrist bei der Einkommensteuer beginnt mit Ablauf des Jahres, in dem die Einkommensteuererklärung abgegeben wird (§ 170 Abs. 2 Satz 1 Nr. 1). Hat er sie in 02 abgegeben, beginnt die Festsetzungsfrist mit Ablauf 02, und es tritt mit Ablauf 06 Festsetzungsverjährung ein. Wurde die Erklärung dagegen erst in 03 eingereicht, ist in 07 die Festsetzung noch möglich.

Fall 62
K fragt sich weiterhin was passiert, wenn er überhaupt keine Steuererklärung einreicht. Wird dann der Fristbeginn „ewig" herausgeschoben?

Nein, denn Fristbeginn ist spätestens mit Ablauf des 3. Jahres nach Entstehen der Steuer (§ 170 Abs. 2 Satz 1 Nr. 1 am Ende). Die Einkommensteuer 01 entsteht mit Ablauf 01, so dass die Frist mit Ablauf 04 beginnen würde und mit Ablauf 08 endet.

Fall 63
K möchte nun wissen, ob die Berechnung immer so funktioniert oder ob der Fristablauf noch weiter verzögert werden kann?

In bestimmten Fällen tritt eine Ablaufhemmung nach § 171 ein, das Fristende wird um eine bestimmte Zeit „nach hinten hinausgeschoben".

Wichtig für die Klausur sind insbesondere die Hemmung bei
- offenbarer Unrichtigkeit des Steuerbescheides (§§ 171 Abs. 2, 129, 173a)
- Änderungsantrag (§ 171 Abs. 3)
- laufendem Rechtsbehelfsverfahren (§ 171 Abs. 3a)
- Außenprüfung (§§ 171 Abs. 4)
- vorläufiger Steuerfestsetzung (§§ 171 Abs. 8, 165)
- Bindung an Grundlagenbescheid (§§ 171 Abs. 10, 181 Abs. 5).

Fall 64
K ist der Meinung, dass er sich nach Eintritt der Festsetzungsverjährung beruhigt zurücklehnen kann, da ihn ein „verjährter" Bescheid nicht mehr betreffen könne?

Hier irrt er. Steuerfestsetzung, Aufhebung oder Änderung sind zwar nach Ablauf der Festsetzungsfrist laut Gesetz nicht mehr zulässig (§ 169 Abs. 1 Satz 1).

Ergeht ein Bescheid nach Eintritt der Festsetzungsverjährung, ist dieser Bescheid aber nicht nichtig, sondern „nur" rechtswidrig. Er kann damit weiterhin rechtliche Wirkung gegenüber K entfalten. K muss also unbedingt gegen den Bescheid Einspruch einlegen.

Wie genau er dies machen muss, erfahren Sie in Lektion 12 (Einspruch).

Fall 65 (Exkurs)
Nachdem K seinem Bekannten D von dem Thema Verjährung berichtet hat, lacht sich D ins Fäustchen: Als nicht immer sonderlich steuerehrlicher Zeitgenosse hat D schon mal Steuern hinterzogen bzw. leichtfertig verkürzt. Kann ihm die Finanzbehörde nach rechnerischem Ablauf der regulären Festsetzungsfrist noch etwas anhaben?

Ja, sie kann. Die Festsetzungsfrist bei Steuerhinterziehung (§ 370) beträgt nämlich zehn Jahre, die bei leichtfertiger Steuerverkürzung (§ 378) fünf Jahre (§ 169 Abs. 2 Satz 2).

Einzelheiten zum Steuerstrafrecht finden Sie in Lektion 16.

Nun nochmals im Überblick zum Thema Festsetzungsverjährung:

Übersicht 6: Festsetzungsverjährung

AO:	§§ 169–171
Dauer:	grds. 4 Jahre § 169 Abs. 2 Satz 1 Ausnahmen § 169 Abs. 2 Satz 2: – Steuerhinterziehung 10 Jahre – leichtfertige Steuerverkürzung 5 Jahre
Beginn:	mit Ablauf Kalenderjahr der Einreichung der Steuererklärung, spätestens 3 Jahre nach Steuerentstehung § 170
Ende – beachte:	evtl. Ablaufhemmung § 171
Rechtsfolge:	Festsetzung und Änderung nicht mehr möglich § 169 Abs. 1; Bescheid „nur" rechtswidrig, nicht nichtig

Zahlungsverjährung

▰ Fall 66

Zwischen dem Steuerpflichtigen K und dem Finanzamt sind seit längerem noch diverse Zahlungen offen. Es handelt sich hierbei um eine Einkommensteuernachzahlung, eine Umsatzsteuererstattung, sowie Verspätungszuschläge und Zwangsgelder. Er fragt sich, ob er nicht irgendwann vor den Zahlungen „sicher" ist und ob ihm etwa auch die Erstattung des Finanzamtes entgehen kann?

Sämtliche Ansprüche aus Steuerschuldverhältnissen (§ 37) unterliegen der Zahlungsverjährung (§ 228 Satz 1), also auch die Erstattungsansprüche.

Die Verjährungsfrist beträgt fünf Jahre, bei Steuerhinterziehung (§ 370), gewerbsmäßigem, gewaltsamem und bandenmäßigem Schmuggel (§ 373) und Steuerhehlerei (§ 374) zehn Jahre (§ 228 Satz 2).

Sie beginnt grundsätzlich mit Ablauf des Kalenderjahres der erstmaligen Fälligkeit des Anspruchs (§ 229 Abs. 1 Satz 1), jedoch nicht vor Ablauf des Kalenderjahres seiner wirksamen Festsetzung (§ 229 Abs. 1 Satz 2).

▰ Fall 67

K, der in den letzten Jahren des Öfteren „klamm" war und deshalb die Zahlung durch Stundungsanträge immer wieder hinausgezögert hat glaubt, dass er nach fünf Jahren nun endgültig „aus dem Schneider" ist. Wie ist die Rechtslage?

Mit Eintritt der Zahlungsverjährung kann die festgesetzte Steuer nicht mehr erhoben, Zahlung nicht mehr verlangt werden.

Die Verjährung kann jedoch nach § 231 unterbrochen worden sein, wobei die in Abs. 1 Satz 1 genannten Gründe abschließend sind:

- Zahlungsaufschub (§ 223), Stundung (§ 222), Aussetzung der Vollziehung (§ 361, § 69 FGO), Aussetzung der Verpflichtung des Zollschuldners zur Abgabenentrichtung oder Vollstreckungsaufschub (§ 258) (Nr. 1)
- Sicherheitsleistung (§§ 241 – 248) (Nr. 2)
- eine Vollstreckungsmaßnahme (§§ 249 ff.) (Nr. 3)
- gewisse Handlungen im Insolvenzverfahren (Nr. 4 – 6)

- Ermittlungen der Finanzbehörde nach dem Wohnsitz oder dem Aufenthaltsort des Zahlungspflichtigen (Nr. 7)
- schriftliche Geltendmachung des Anspruchs (Nr. 8).

Mit Ablauf des Kalenderjahres, in dem die Unterbrechung geendet hat, beginnt dann eine neue Verjährungsfrist (§ 231 Abs. 3).

Die dem K vom Finanzamt gewährten Stundungen haben damit zu einer Verjährungsunterbrechung geführt. K kann sich somit noch nicht auf Verjährung berufen.

Abschließend zusammenfassend zum Thema Zahlungsverjährung:

Übersicht 7: Zahlungsverjährung

AO:	§§ 228 – 232
Dauer:	5 Jahre, bei Steuerhinterziehung, best. Formen des Schmuggels und Steuerhehlerei 10 Jahre § 228
Beginn:	mit Ablauf Kalenderjahr der erstmaligen Fälligkeit, jedoch nicht vor Ablauf Kalenderjahr der wirksamen Festsetzung der Steuer § 229
Ende – beachte:	evtl. Hemmung § 230 / Unterbrechung § 231
Rechtsfolge:	festgesetzte Steuer darf nicht mehr erhoben werden § 232

Lektion 10: Haftung

Neben dem Steuerpflichtigen gibt es auch noch einen anderen Personenkreis, welcher für eine Steuerschuld in Anspruch genommen werden kann, den Haftungsschuldner.

Wann haftet der Haftungsschuldner und wie werden die Ansprüche gegen ihn geltend gemacht?

Haftungstatbestände

Die Haftung des Vertreters (§ 69) und die des Betriebsübernehmers (§ 75) zählen zu den häufigsten Haftungstatbeständen.

Haftung des Vertreters

Fall 68

K ist Geschäftsführer der O-GmbH. Da es dieser wirtschaftlich nicht sonderlich gut geht, fragt er sich, ob er für deren Steuerschulden, neben der möglichen Haftung nach § 43 GmbHG, auch noch aus Steuergesetzen in Anspruch genommen werden kann?

Es kommt eine **Haftung** nach § 69 Satz 1 in Betracht, da er als **Geschäftsführer** der GmbH deren **gesetzlicher Vertreter** (§ 34 Abs. 1 AO; § 35 Abs. 1 GmbHG) ist.

K, inzwischen hellhörig geworden, ist der Meinung, er habe sich als Geschäftsführer der GmbH immer korrekt verhalten. Läuft er dennoch Gefahr, als Haftungsschuldner in die Pflicht genommen zu werden?

Voraussetzung für die Haftung nach § 69 ist eine Verletzung der in §§ 33 Abs. 1, 34 Abs. 1 aufgezählten Pflichten (beispielsweise Pflicht zur Abgabe von Steuererklärungen (§ 149), Zahlung von Steuerschulden (§ 34 Abs. 1 Satz 2)).

Fall 69

K fällt nunmehr ein, dass er, als die GmbH in Zahlungsschwierigkeiten geriet, die Steuerschulden „nachrangig" gezahlt hat, da das Geld der GmbH nicht mehr zur vollständigen Tilgung aller Schulden (Finanzamt und Lieferanten) gereicht hat. Kann ihm dies nun zum Verhängnis werden?

Grundsätzlich liegt eine **Pflichtverletzung** des K durch Nichtzahlung nur dann vor, wenn er als Vertreter der GmbH seitens der GmbH über ausreichende Mittel zur Tilgung der Steuerschuld verfügt und trotzdem nicht bezahlt (§ 34 Abs. 1 Satz 2). Wird jedoch, wie vorliegend, bei Liquiditätsschwierigkeiten das Finanzamt gegenüber anderen Gläubigern benachteiligt, liegt insoweit eine Pflichtverletzung vor. Der Schuldner hat sich nämlich auch im Verhältnis zum Finanzamt an den **Grundsatz der anteiligen Tilgungspflicht** zu halten.

K fühlt sich dennoch sicher, da er im Gesetz gelesen hat, dass die Pflichtverletzung vorsätzlich oder grob fahrlässig erfolgt sein muss. K wollte jedoch durch seine Verteilung der Zahlungen die Lieferanten „bei Laune halten", da die GmbH zu ihrem Fortbestehen auf deren Wohlwollen besonders angewiesen war. Und das Fortbestehen der GmbH als „Steuersubjekt" sei doch auch für das Finanzamt von Vorteil. Kommt er mit diesem Argument durch?

Nein, denn die **Benachteiligung des Finanzamtes** bei der Schuldentilgung gilt regelmäßig als grob schuldhaft.

▌ Fall 70
K blättert nun eifrig die alten Steuerunterlagen der GmbH durch in der Hoffnung, dass er dem Finanzbeamten B vielleicht ein Mitverschulden anlasten kann. Wonach muss er suchen?

Wenn B beispielsweise Vollstreckungsmaßnahmen gegen die damals noch liquide GmbH unterlassen oder eine mögliche Aufrechnung versäumt hat, wirkt sich dieses **Mitverschulden** des Finanzamtes analog § 254 BGB auf die Höhe der Haftung aus, da das Finanzamt insoweit seine **Schadensminderungspflicht** verletzt hat. B hätte durch die genannten Maßnahmen den Steuerausfall und damit den Schaden des Finanzamtes mindern können, diesbezügliche Versäumnisse dürfen sich nicht zulasten des K auswirken.

▌ Fall 71
K hat sich nun weiter in Bücher vertieft und ist über den Begriff „Haftungsschaden" gestolpert. Was hat er sich darunter vorzustellen?

Ein Haftungsschaden ist entstanden, wenn Ansprüche aus dem Steuerschuldverhältnis nicht oder nicht rechtzeitig festgesetzt oder erfüllt oder soweit Steuervergütungen oder Steuererstattungen ohne rechtlichen Grund gezahlt werden (§ 69 Satz 1).

Der Haftungsschaden muss infolge der Pflichtverletzung des K entstanden sein (Kausalität). War die GmbH zu keinem Zeitpunkt finanziell zur Zahlung in der Lage, fehlt es an der Ursächlichkeit der Pflichtverletzung.

Haftung für Steuerschulden klingt für K schon beunruhigend genug. Ist das aber schon alles?

Nein, denn nach § 69 Satz 2 umfasst die Haftung neben den Steuerschulden auch die infolge der Pflichtverletzung zu zahlenden Säumniszuschläge.

Fall 72 (Exkurs)

C, ein Freund des K, dem dieser von der möglichen Haftung erzählt, fragt sich, ob ihn die Haftung auch für Steuerschulden seines minderjährigen Sohnes treffen kann?

Ja, da sich die Haftung nach §§ 69, 34 auch auf gesetzliche Vertreter von Minderjährigen erstreckt.

Leitsatz 12

Haftung des Vertreters nach § 69

Prüfen Sie bitte immer folgende Punkte:

- Gehört der Betroffene zum Personenkreis: z.B. gesetzlicher Vertreter (§ 34)?
- Welche Pflichten hatte der Vertreter?
- Hat der Vertreter diese Pflichten verletzt?
- Liegt ein Verschulden des Vertreters an der Verletzung vor?
- Ist ein Haftungsschaden entstanden?
- Besteht Kausalität zwischen Pflichtverletzung und Haftungsschaden?
- Ist der Finanzbehörde ein Mitverschulden (Schadensminderungspflicht) anzulasten?

Haftung des Betriebsübernehmers

Fall 73

K hat von den Brüdern X und Y einen Betrieb übernommen. Er fragt sich deshalb, unter welchen Voraussetzungen er für deren bisherige Steuerschulden haftet?

K muss einen lebenden und lebensfähigen Betrieb oder Teilbetrieb im Ganzen übernommen haben (§ 75 Abs. 1). Nicht hierunter fallen die bloße Übernahme von Teilen des Betriebsvermögens, der Erwerb im Rahmen der Gesamtrechtsnachfolge oder durch Unternehmenspacht.

Haftet K für jegliche Steuern?

Nein. Die Haftung ist sachlich auf Betriebssteuern beschränkt, also beispielsweise Umsatz-, Lohn-, Gewerbesteuer. Nicht hierunter fällt insbesondere die Einkommensteuer als private Personensteuer.

Der Betrieb der Brüder bestand schon seit über 20 Jahren. Haftet K für alle aus diesem Zeitraum noch „offenen" Steuerschulden?

Nein, die Haftung ist auch zeitlich begrenzt. Die Steuer muss seit dem Beginn des letzten, vor der Übereignung liegenden Kalenderjahres entstanden sein und bis zum Ablauf von einem Jahr nach Anmeldung (§ 138) des Betriebes durch den Erwerber K festgesetzt oder angemeldet werden.

K aktiviert seinen Taschenrechner und überschlägt, was ihn der ganze „Spaß" nun kosten könnte. Den Wert des Betriebes nimmt er mit 15.000 € an, die ihn nach § 75 „treffenden" Steuerschulden des übernommenen Betriebes betragen nach Auskunft des Finanzamtes jedoch 20.000 €. Geht K nun mit einem Verlust von 5.000 € aus der Sache heraus?

Nein, da die Haftung nach § 75 Abs. 1 Satz 2 gegenständlich beschränkt ist auf den Bestand des übernommenen Vermögens, somit auf 15.000 €.

Fall 74 (Exkurs)

S, ein Freund des K überlegt sich, einen Betrieb aus einer Insolvenzmasse zu übernehmen. Kommen auch auf ihn die Haftungsrisiken des § 75 zu?

Nein, da bei Erwerb aus Insolvenzmasse die oben dargestellt Haftung nicht greift (§ 75 Abs. 2).

Leitsatz 13

Haftung des Betriebsübernehmers nach § 75

Beachten Sie bitte immer folgende Punkte:

- Wurde ein lebender und lebensfähiger Betrieb/Teilbetrieb im Ganzen übernommen?
- Die Haftung des Betriebsübernehmers ist sachlich, zeitlich und gegenständlich begrenzt.
- Keine Haftung bei Erwerb aus Insolvenzmasse.

Haftungsbescheid

Fall 75

Dem K flattern diverse Haftungsbescheide für die von ihm als Geschäftsführer vertretene O-GmbH ins Haus. Als er die Beträge mit den Steuerunterlagen der GmbH vergleicht, fällt ihm auf, dass diese nur zum Teil übereinstimmen:

Die Umsatzsteuerschuld 02 besteht seitens der GmbH tatsächlich in Höhe von 1.500 €.

Eine Umsatzsteuerschuld 01 ist dagegen nicht entstanden.

Eine Körperschaftsteuerschuld 02 der GmbH besteht zwar, jedoch nicht in Höhe des Haftungsbescheides (2.000 €), sondern nur in Höhe von 500 €.

Die Körperschaftsteuerschuld 01 (5.000 €) bestand zwar ursprünglich, wurde jedoch von der GmbH in Höhe von 3.500 € bereits getilgt, der Restbetrag von 1.500 € wurde der GmbH durch das Finanzamt erlassen. Welche Folgen hat das für K?

Voraussetzung für den Erlass eines Haftungsbescheides gegen Haftungsschuldner K ist das Bestehen des Anspruchs aus dem

Steuerschuldverhältnis gegen die Steuerschuldnerin O-GmbH (Grundsatz der Akzessorietät der Haftung).

Entstehen und Fortbestehen des Haftungsanspruchs sind abhängig von der jeweiligen Steuer, für die gehaftet wird. Ist diese nicht oder nicht in dieser Höhe entstanden bzw. bereits wieder erloschen, ist der Erlass des Haftungsbescheides insoweit unzulässig.

Für K bedeutet dies, dass er die Umsatzsteuer 02 in voller Höhe bezahlen muss, die Körperschaftsteuer 02 dagegen nur in Höhe von 500 €. Die Körperschaftsteuerschuld 01 ist durch Zahlung und Erlass erloschen (§ 47), eine Umsatzsteuerschuld 01 nie entstanden, so dass er hierfür nicht in Anspruch genommen werden kann.

Fall 76
K wundert sich. Er wurde per Haftungsbescheid auch für die Körperschaftsteuer 03 der GmbH in Anspruch genommen. Diese wurde jedoch gegenüber der GmbH noch gar nicht festgesetzt. Ist das zulässig?

Ja. Der Haftungsbescheid kann auch vor der Festsetzung der jeweiligen Steuer ergehen (§ 191 Abs. 3 Satz 4).

Fall 77
K fragt sich, ob das Finanzamt beliebig jeden Beteiligten in Anspruch nehmen kann oder ob es diesbezüglich Vorgaben hat?

Das Finanzamt prüft im Rahmen seines Entschließungsermessens (§ 5), ob K in Anspruch genommen wird. Wäre beispielsweise im Rahmen einer von K nach § 284 AO erteilten Vermögensauskunft herausgekommen, dass bei ihm „nichts zu holen ist", wäre es ermessensfehlerhaft, ihn als Haftungsschuldner in Anspruch zu nehmen.

K fühlt sich ungerecht behandelt, da es neben ihm noch einen anderen Geschäftsführer (U) gibt, welcher sich die meiste Zeit im Ausland aufhält. U hat keinen Haftungsbescheid erhalten. War das rechtmäßig?

Das Finanzamt entscheidet im Rahmen seines Auswahlermessens (§ 5), in welchem Umfang K in Anspruch genommen wird. Wäre ein anderer Haftungsschuldner vorrangig in Haftung zu nehmen, wäre K's Inanspruchnahme ermessensfehlerhaft.

Bei den beiden Geschäftsführern K und U handelt es sich um Gesamtschuldner (§ 44). Hier hat das Finanzamt zu prüfen, welchen von beiden es in welchem Umfang in Anspruch nimmt. Bei mehreren zur Auswahl stehenden Haftungsschuldnern sind Rechts- und Zweckmäßigkeitserwägungen anzustellen. Da sich U die meiste Zeit im Ausland aufhält, war es zumindest zweckmäßig, sich an K zu halten.

Und was bleibt K? Zwar war die steuerrechtliche Entscheidung hier „gegen ihn", für K ist damit jedoch „noch nicht alles verloren". Ihm steht noch die Möglichkeit offen, gegebenenfalls auf dem Zivilrechtsweg interne Ausgleichsansprüche gegen U geltend zu machen.

Fall 78

K studiert nach einiger Zeit nochmals den Haftungsbescheid und stellt fest, dass die zu Grunde liegende Steuerschuld der O-GmbH nach Ergehen des Haftungsbescheides zwischenzeitlich bereits verjährt ist. K ist der Meinung, dass das Finanzamt ihn nun auch nicht mehr als Haftungsschuldner in Anspruch nehmen kann. Stimmt das?

Nein, denn Haftungsbescheid kann nur dann nicht mehr ergehen, wenn die Verjährung der Steuerschuld vor Ergehen des Haftungsbescheides eingetreten ist (§ 191 Abs. 5 Satz 1 Nr. 2).

Nachträglicher Verjährungseintritt der Steuerschuld macht deshalb den Haftungsbescheid nicht rechtswidrig.

Leitsatz 14

Haftungsbescheid

Für den Haftungsbescheid gilt:

- Akzessorietät der Haftung zur Steuerschuld („ohne Steuerschuld keine Haftung")
- „ob" und „wie" der Haftung ist Ermessensentscheidung
- Verjährung nach Ergehen des Haftungsbescheides unschädlich

IV. Rechtsbehelfsverfahren

Lektion 11: Allgemeines

Das Rechtsbehelfsverfahren ist sowohl in der AO als auch in der Finanzgerichtsordnung (FGO) geregelt.

Fall 79

Der Steuerpflichtige K hat von einem Bekannten gehört, dass es im Rahmen des steuerrechtlichen Rechtsbehelfsverfahrens „wohl mehrere Möglichkeiten gibt, sich gegen Finanzbehörden zu wehren". K, den diese Thematik weiter interessiert, möchte hierzu gerne Genaueres wissen.

Im Steuerrecht gibt es sowohl das außergerichtliche Rechtsbehelfsverfahren (Einspruch bei der Finanzbehörde) als auch das gerichtliche (Klagen vor dem Finanzgericht).

Das – kostenfreie – Einspruchsverfahren (§§ 347 ff.) soll der Finanzbehörde die Möglichkeit geben, den von ihr erlassenen Verwaltungsakt selbst nochmals zu überprüfen (Gebot des effektiven Rechtsschutzes). Es ist deshalb als Vorverfahren regelmäßig zwingend vorgeschrieben (§ 44 FGO).

Das – kostenpflichtige – Finanzgerichtsverfahren (§§ 40 ff. FGO) soll als unabhängige, übergeordnete Instanz (Finanzgericht) die Entscheidung der Finanzbehörde kontrollieren.

Übersicht 8: Rechtsschutz im Steuerrecht

1. außergerichtlich: Einspruch (AO)	– dient Selbstkontrolle der Finanzbehörde („haben wir selbst beim Erlass des Steuerverwaltungsaktes alles richtig gemacht?") – kostenfrei – als Vorverfahren regelmäßig zwingend
2. gerichtlich: Klagen (FGO)	– dient Kontrolle der Finanzbehörde durch Finanzgericht als unabhängige übergeordnete Instanz („hat die Finanzbehörde alles richtig gemacht?") – kostenpflichtig

Das außergerichtliche Verfahren wird im Einzelnen in Lektion 12, das gerichtliche in Lektion 13 dargestellt.

Prinzip Zulässigkeit vor Begründetheit

 **Fall 80**

Der Finanzamtssachbearbeiter B kämpft sich tagtäglich durch Stapel von Akten. Jetzt bekommt er auch noch einen Schriftsatz des Steuerpflichtigen K auf den Tisch, in welchem K einen Rechtsbehelf einlegt. Wie wird B bei der Bearbeitung vorgehen?

Als erstes wird B die Zulässigkeit des Rechtsbehelfs prüfen, ob also alle verfahrensrechtlichen Voraussetzungen erfüllt sind.

Nur wenn dies der Fall ist, wird er als zweites in die Prüfung der Begründetheit des Rechtsbehelfs einsteigen.

Diese Reihenfolge Zulässigkeit vor Begründetheit ist stets einzuhalten! Sie gilt sowohl im außergerichtlichen, als auch im gerichtlichen Verfahren.

Diese Reihenfolge ist auch praktikabel und zeitsparend, denn wenn schon die Grundvoraussetzung der Zulässigkeit nicht erfüllt ist, entfällt die Begründetheitsprüfung, welche oft viel zeitaufwändiger ist als die Prüfung der Zulässigkeit.

Leitsatz 15

Zulässigkeit vor Begründetheit

Wird die Regel „Zulässigkeit vor Begründetheit" in einer Klausur nicht beachtet, wird die Aufgabe vom Prüfer in aller Regel als „nicht bestanden" bewertet!

Lektion 12: Einspruchsverfahren

Auch im Einspruchsverfahren gilt das Prinzip Zulässigkeit vor Begründetheit, so dass auch hier nach dem Satz zu verfahren ist:

„Der Einspruch hat Aussicht auf Erfolg, wenn er zulässig und begründet ist".

Zulässigkeit des Einspruchs

Die Zulässigkeitsprüfung soll schematisch erfolgen um keinen wichtigen Punkt zu vergessen.

Einige Punkte sind hierbei immer zu prüfen, einige nur, wenn hierfür im Sachverhalt Anhaltspunkte gegeben sind.

Statthaftigkeit des Einspruchs – immer prüfen!!!

Fall 81
Der Steuerpflichtige K hat seinen Einkommensteuerbescheid erhalten, in welchem von ihm geltend gemachte Werbungskosten nicht anerkannt worden sind. Wutschnaubend fragt er sich, was er hiergegen machen kann?

Wie wir bereits aus Lektion 6 wissen, handelt es sich bei dem Steuerbescheid um einen Verwaltungsakt in Abgabenangelegenheiten (Steuerverwaltungsakt). Gegen diesen ist nach § 347 Abs. 1 Satz 1 Nr. 1 der Einspruch statthaft.

Fall 82 (Exkurs)
Der Steuerpflichtige S, ein Freund von K, wartet dagegen vergeblich auf ein Tätigwerden des Finanzamtes. Vor sieben Monaten hat er seine Einkommensteuererklärung eingereicht, nach welcher er eine Erstattung von 1.000 € erhalten soll. Bis heute hat das Finanzamt keinen Steuerbescheid erlassen. Was kann S, der endlich sein Geld will, machen?

S kann Untätigkeitseinspruch einlegen (§ 347 Abs. 1 Satz 2), da über seinen Antrag auf Erlass des Verwaltungsaktes (Steuerbescheid) ohne

Mitteilung eines zureichenden Grundes binnen angemessener Frist sachlich nicht entschieden worden ist. Angemessene Frist ist analog § 46 Abs. 1 Satz 2 FGO sechs Monate.

Fall 83 (Exkurs)

Gegen S ergeht in einem anderen Verfahren eine Einspruchsentscheidung, mit der er nicht einverstanden ist. Kann er hiergegen erneut Einspruch einlegen?

Nein, hiergegen ist der Einspruch nicht statthaft (§ 348 Nr. 1). Er muss vielmehr, wie Sie später (Lektion 13) noch sehen werden, Klage einreichen.

Form des Einspruchs – immer prüfen!!!

Fall 84

Zurück zu K, der sich fragt, ob er seinen Einspruch unbedingt als Brief per Post verschicken muss oder ob er sich auch telefonisch an seine Sachbearbeiterin wenden kann?

Hier hilft zuerst ein Blick in das Gesetz. Nach § 357 Abs. 1 Satz 1 ist der Einspruch schriftlich oder elektronisch einzureichen. Er kann den Einspruch ferner auch zur Niederschrift beim Finanzamt erklären.

Nicht möglich ist aufgrund des Schriftformerfordernisses jedoch die telefonische Einlegung.

Fall 85

Der ziemlich schreibfaule K schickt nunmehr folgenden Brief an das Finanzamt: „Widerspruch: Der Wisch ist falsch und muss weg, Gruß K". Reicht das für einen zulässigen Einspruch aus?

Auch hier ist wieder das Gesetz zu Rate zu ziehen. Der Einspruch hat bestimmte inhaltliche Mindesterfordernisse, an die sich K halten muss:

Es muss aus dem Schriftstück hervorgehen, wer den Einspruch eingelegt hat (§ 357 Abs. 1 Satz 2). Dies ist hier mit der Namenszeichnung des K geschehen.

Die unrichtige Bezeichnung des Einspruchs durch K als Widerspruch schadet nicht (§ 357 Abs. 1 Satz 3).

In § 357 Abs. 3 sind weitere inhaltliche Vorgaben normiert. Es handelt sich hierbei jedoch um bloße „Soll" Vorschriften. Eine ungenaue oder fehlende Bezeichnung des Verwaltungsaktes, fehlende Angaben über den Anfechtungsumfang, fehlende Begründung und Beweismittel hindern nicht die Zulässigkeit des Einspruchs.

Im Fall des K ist seitens des Finanzamtes nunmehr durch Auslegung zu ermitteln, um welchen Bescheid es sich bei dem „falschen Wisch" handelt und was K genau wollte.

Einspruchsfrist – immer prüfen!!!

Fall 86

K fragt sich, ob er vor Einlegung des Einspruchs noch schnell „zum Abkühlen" eine zweimonatige Reise zum nördlichen Polarkreis unternehmen soll?

Bitte lesen Sie hierzu § 355 Abs. 1 Satz 1. Demnach ist der Einspruch innerhalb eines Monats nach Bekanntgabe des Verwaltungsakts einzulegen.

Übrigens: Die genaue Berechnung der Fristen wurde in Lektion 5 erklärt. Gute Kenntnisse hierbei lohnen sich, denn Fristen sind beim Einspruch in der Klausur immer zu prüfen!

Es ergibt sich für die Einspruchsfrist (Monatsfrist) folgende Paragrafenkette:

§§ 355 Abs. 1, 124 Abs. 1 Satz 1, 122 (oder 122a), 108 Abs. 1 AO; §§ 187 Abs. 1, 188 Abs. 2 BGB.

K sollte also, um die Einspruchsfrist zu wahren, sein Schreiben noch vor dem Urlaub absenden.

Fall 87 (Exkurs)

Auch Freund S hat vor zwei Wochen einen Steuerbescheid erhalten. Egal, wie er diesen „dreht und wendet", er findet keine Rechtsbehelfsbelehrung. Er sagt sich, eine solche Nachlässigkeit des Finanzamtes kann für ihn doch nur positiv sein und fährt erst mal für drei Wochen in den geplanten Urlaub nach Peru. Hat er damit einen Fehler gemacht?

Nein, denn nach § 356 Abs. 2 ist bei unterbliebener Rechtsbehelfsbelehrung der Einspruch innerhalb Jahresfrist zulässig. S kann also auch nach dem Andentrip immer noch zulässig Einspruch einlegen.

Einspruch am richtigen Ort eingelegt?

Fall 88

K fragt sich nunmehr, ob er seinen Einspruch lieber beim Bürgermeister seines Ortes hätte einreichen sollen, damit dieser dem Finanzamt „gleich richtig Dampf macht"?

Dies wäre keine gute Idee gewesen, da der Einspruch bei der Behörde anzubringen ist, deren Verwaltungsakt angefochten wird (§ 357 Abs. 2). K hat somit gut daran getan, den Einspruch bei dem für seine Steuererklärung zuständigen Finanzamt einzureichen.

Beschwer – immer prüfen !!!

Fall 89

K hat von einer Bekannten irgend etwas über „Beschwer" gehört und hat nun die Befürchtung, dass er sich in seinem Brief nicht doch etwas zu wenig geäußert hat?

Nach § 350 ist zur Einlegung eines Einspruchs nur befugt, wer geltend macht, durch einen Verwaltungsakt oder dessen Unterlassung beschwert zu sein. Es kann sich hierbei um formelles Recht (Verfahrensrecht) oder materielles Recht (Einkommensteuer, Umsatzsteuer, etc.) handeln.

Da gegen K als Adressaten ein Steuerverwaltungsakt ergangen ist, ist er grundsätzlich immer als beschwert anzusehen.

(Ausnahme: Einkommensteuerbescheid mit Steuerfestsetzung auf „0 €")

Einspruchsbefugnis

▰▰▰ Fall 90
Beim dienstäglichen Herrenabend berichtet K ausgiebig von seinem Ärger mit dem Finanzamt wegen des Einkommensteuerbescheides.

Nun meldet sich auch S zu Wort und erzählt, dass er bis vor kurzem an einer Gesellschaft bürgerlichen Rechts (GbR) beteiligt war und dass gegen diese nach seinem Ausscheiden ein Feststellungsbescheid ergangen ist, mit dessen Inhalt er nicht einverstanden ist.

Ein Kumpel der beiden hat etwas von „Einspruchsbefugnis" gehört und weist sie darauf hin, dass diese in beiden Fällen eventuell ein Problem sein könnte.

Trifft das zu?

Da K, wie wir bereits gesehen haben, beschwert ist, ist die Einspruchsbefugnis regelmäßig in der Beschwer enthalten. Hinsichtlich des an ihn gerichteten Einkommensteuerbescheides ergeben sich deshalb keine Probleme.

Bei S sind jedoch hinsichtlich der Beteiligung an der GbR die Begrenzungen des § 352 Abs. 1 zu beachten, deren wichtigste im Folgenden kurz dargestellt werden:

Einspruchsbefugt sind demnach der vertretungsbefugte Geschäftsführer oder Einspruchsbevollmächtigte (Nr.1), anderenfalls Ersatzpersonen (Nr. 2).

In jedem Fall sind jedoch folgende Personen einspruchsbefugt: Ausgeschiedene Gesellschafter (Nr. 3) sowie jeder Beteiligte, der durch die Feststellung des Betrages (Nr. 4) oder einer persönlichen Frage (Nr. 5) berührt wird.

S kann sich also, ohne weitere Prüfung des Sachverhaltes, als ausgeschiedener Gesellschafter in jedem Fall auf Nr. 3 stützen.

Falls in der Klausur mehrere Gesellschafter, Gemeinschafter oder Mitberechtigte auftauchen, lesen Sie sich bitte § 352 Abs. 1 durch: Die Norm gibt einen guten und leicht verständlichen Leitfaden über die Einspruchsbefugnis bei der einheitlichen und gesonderten Feststellung, der sich im Klausurfall gut „abarbeiten" lässt.

Handlungsfähigkeit / Vertretung / Bevollmächtigte und Beistände

Fall 91
K fragt sich, ob er denn „das ganze Einspruchsverfahren" selber „durchziehen" muss oder ob er nicht beispielsweise seine Rechtsanwältin oder Steuerberaterin zur Hilfe nehmen kann?

K kann das Verfahren selber durchführen (§ 79 Abs. 1 Nr. 1). Er kann sich jedoch auch durch einen Bevollmächtigten vertreten lassen (§§ 365 Abs. 1, 80).

Siehe zum Thema übrigens auch die Fälle 19 und 20.

Kein Verzicht, keine Rücknahme

Fall 92
K will wissen, ob er die Möglichkeit hat, auf den Einspruch zu verzichten oder ihn zurück zu nehmen. Er überlegt, dies der Finanzbeamtin B anzubieten, falls diese sich dann von ihm zu einem romantischen Abendessen einladen lässt. Hätte dies für ihn, abgesehen von etwaigen strafrechtlichen Konsequenzen, auch im Hinblick auf das Einspruchsverfahren Nachteile, falls das Essen nicht so endet, wie K sich das vorgestellt hat?

Verzicht vor Einlegung des Einspruchs (§ 354) oder Rücknahme während des Verfahrens (§ 362) machen eine erneute Einlegung unzulässig. K sollte sich dies also gut überlegen.

Während K das eben Erfahrene „verdaut", fassen wir nochmals zusammen:

Rechtsbehelfsverfahren

> ### Übersicht 9: Zulässigkeit des Einspruchs (Prüfschema)
>
> **Immer: Zulässigkeit vor Begründetheit**
>
> - **Statthaftigkeit** (§§ 347, 348)
> - **Form** (§ 357 Abs. 1)
> - **Frist** (§ 355)
> - Ort (§ 357 Abs. 2)
> - Einspruchsbefugnis (§§ 352, 353)
> - **Beschwer** (§ 350)
> - Handlungsfähigkeit (§ 79) / Vertretung (§§ 34, 35) / Bevollmächtigung (§§ 365, 80)
> - kein Einspruchsverzicht (§ 354)
> - keine Einspruchsrücknahme (§ 362)
>
> **Beachte: Die fett gedruckten Zulässigkeitsvoraussetzungen sind immer zu prüfen** – die anderen nur, wenn im Sachverhalt Anhaltspunkte hierfür gegeben sind.

Sie sind nunmehr mit dem Einspruch des K an einem wichtigen Punkt angekommen.

Denn, erst nachdem die Zulässigkeit bejaht wurde, ist als nächstes die Begründetheit zu prüfen.

Begründetheit des Einspruchs

Im Rahmen der Prüfung der Begründetheit gibt es einige „Fallstricke", die zu beachten sind.

Fall 93

Der uns schon bekannte S erhält nach einem Jahr einen zu seinem Nachteil nach §§ 172 ff. geänderten Einkommensteuerbescheid (Steuererhöhung um 1.000 €). Hierüber freut er sich, da er vergessen hat, gegen den ursprünglichen Bescheid fristgerecht Einspruch einzulegen (um 500 € zu hohe Steuer). Er erzählt in launiger Herrenrunde, dass er die Fehler im ursprünglichen Bescheid im Rahmen des Einspruchs gegen den geänderten Bescheid auch noch geltend machen kann und deshalb mit einer Steuererstattung der von ihm gezahlten 1.500 € rechnet. Wie ist die Rechtslage?

Der (unterstellt) form- und fristgerecht eingelegte Einspruch gegen den Änderungsbescheid ist zulässig. Der ursprüngliche Bescheid war jedoch wegen Ablaufs der Einspruchsfrist unanfechtbar.
Nach § 351 Abs. 1 können Verwaltungsakte, die unanfechtbare Verwaltungsakte ändern, nur insoweit angegriffen werden, als die Änderung reicht. Das heißt, S kann nur noch gegen die Änderung (1.000 €) vorgehen, nicht mehr gegen die 500 € aus dem ursprünglichen Bescheid.
Die Vorschrift des § 351 Abs. 1 bewirkt damit, dass S hinsichtlich der Einwendungen gegen den Erstbescheid ausgeschlossen („präkludiert") wird.

Hiervon gibt es nur dann eine Ausnahme, wenn sich aus den Vorschriften über Aufhebung und Änderung von Verwaltungsakten (§§ 172 ff.) etwas anderes ergibt.

Fall 94

S war bekanntermaßen Gesellschafter einer GbR. Im Rahmen der einheitlichen und gesonderten Feststellung wird sein damaliger Gewinnanteil falsch berechnet. S geht gegen diesen Feststellungsbescheid (Grundlagenbescheid) aus Nachlässigkeit nicht vor. Erst als er den falschen Betrag in seinem Einkommensteuerbescheid (Folgebescheid) wieder findet, ficht er diesen mit der Begründung an, dass der Feststellungsbescheid falsch sei. Wird er damit Erfolg haben?

Nein, denn nach § 351 Abs. 2 können Entscheidungen in einem Grundlagenbescheid (Feststellungsbescheid) nur durch Anfechtung dieses Bescheids, nicht durch die Anfechtung des Folgebescheids, angegriffen werden. Der Grundlagenbescheid (Feststellungsbescheid) ist insoweit bindend (§§ 182 Abs. 1, 171 Abs. 10).
S hätte deshalb innerhalb der Einspruchsfrist gegen den Grundlagenbescheid (Festestellungsbescheid) der GbR vorgehen müssen.

Fall 95

Nun wieder zurück zu K: Dieser hat vom Finanzamt eine Frist nach § 364b gesetzt bekommen, innerhalb derer er sich zu seinem Einspruch äußern solle. K, der den Brief des Finanzamtes mal wieder nicht genau gelesen hat, ist der Meinung, dass es unschädlich sei, diese zu ignorieren, fragt aber trotzdem vorsichtshalber seine steuerlich bewanderte Freundin A. Was wird ihm diese antworten?

Das Finanzamt kann dem Einspruchführer zu Angaben über Tatsachen, klärungsbedürftige Punkte und Beweismittel eine Frist setzen (§ 364b Abs. 1).
Nach Ablauf dieser Frist eingereichte Erklärungen und Unterlagen sind (kein Ermessen!) nicht mehr zu berücksichtigen, wenn K hierüber belehrt worden ist (§ 364b Abs. 2). Da eine Belehrung erfolgte, muss K zur Vermeidung der Folgen der Präklusionsvorschrift dem Verlangen des Finanzamtes nachkommen.

Fall 96

K hat nunmehr seinen Einspruch damit begründet, dass das Finanzamt zu wenig Werbungskosten aus nichtselbständiger Arbeit angesetzt habe. Das Finanzamt hat K mitgeteilt, dass es im Rahmen des Einspruchsverfahrens nunmehr beabsichtigt, bisher anerkannte Betriebsausgaben aus Gewerbebetrieb nicht mehr anzuerkennen, was insgesamt eine höhere Steuer zur Folge haben würde. K solle sich hierzu äußern. K ist der Meinung, dass das Finanzamt so was doch nicht machen könne, schließlich habe er in seiner Begründung nur die Werbungskosten genannt und wolle auch nur insoweit eine Überprüfung und Änderung. Wie sehen Sie das?

Die Lösung findet sich in § 367 Abs. 2 Satz 1. Demnach hat die Finanzbehörde, die über den Einspruch entscheidet, die Sache in vollem Umfang erneut zu prüfen.

Da das Finanzamt den K auf eine mögliche „Verböserung" (höhere Steuern) hingewiesen hat, ist auch eine Änderung zum Nachteil des K möglich. Diesem bleibt jedoch die Möglichkeit, den Einspruch zurückzunehmen (§ 362 Abs. 1).

Fall 97

Das Finanzamt entschließt sich nach langen Diskussionen mit K nun doch, dessen Rechtsansicht zu folgen und erlässt einen Änderungsbescheid. K ist der Meinung, dass „die faule Bande" sich so vor einer Einspruchsentscheidung drücken möchte. Sieht er das richtig?

Dem ist nicht so. Da der Änderungsbescheid in vollem Umfang dem Antrag des K entspricht, ist das Einspruchsverfahren erledigt. Nach § 367 Abs. 2 Satz 3 bedarf es nämlich einer Einspruchsentscheidung nur insoweit, als die Finanzbehörde dem Einspruch nicht abhilft, dem Einspruchsführer K also nicht Recht gibt.

Was wäre, wenn das Finanzamt während des laufenden Einspruchsverfahrens einen Änderungsbescheid erlässt, welcher dem Einspruch nicht abhilft?

Dann wird der neue Verwaltungsakt (Änderungsbescheid) Gegenstand des Einspruchsverfahrens (§ 365 Abs. 3). Der Änderungsbescheid braucht somit nicht angefochten werden – ein Einspruch hiergegen wäre sogar unzulässig –, er tritt vielmehr an die Stelle des ursprünglichen Bescheides.

Nunmehr haben Sie zusammen mit K wichtige Aspekte der Prüfung der Begründetheit kennengelernt.

Und Sie beachten dabei immer die Regel „Zulässigkeit vor Begründetheit".

Aussetzung der Vollziehung

Fall 98

K befürchtet, dass die festgesetzte Steuer noch während des Einspruchsverfahrens zum Fälligkeitstag von seinem Bankkonto abgebucht wird. K hat zwar von der „aufschiebenden Wirkung" des Widerspruchs im Verwaltungsverfahren gehört, ist sich aber nicht sicher, ob dies auch auf den Einspruch im Finanzverfahren zutrifft. Sind seine Bedenken gerechtfertigt?

Ja, denn durch die Einlegung des Einspruchs wird die Vollziehung des angefochtenen Verwaltungsaktes nicht gehemmt (§ 361 Abs. 1 Satz 1), es tritt somit kein „Suspensiveffekt" ein.

Er kann jedoch **aufschiebende Wirkung** durch einen Antrag auf **Aussetzung der Vollziehung** erreichen, wenn ernstliche Zweifel an der Rechtmäßigkeit des angefochtenen Verwaltungsaktes bestehen oder wenn die Vollziehung für den Betroffenen eine unbillige, nicht durch überwiegende öffentliche Interessen gebotene Härte zur Folge hätte (§ 361 Abs. 2 Satz 2).

Mit den durchgearbeiteten Fällen haben Sie jetzt die wichtigsten examensrelevanten Punkte des Themas „Einspruch" abgearbeitet.

Folgender Leitsatz zählt nochmals auf, worauf Sie bei der weiteren Einspruchsprüfung insbesondere achten sollten:

Leitsatz 16

Weitere wichtige Punkte beim Einspruchsverfahren

Begründetheitsprüfung
- Präklusionsvorschriften
- Bindungswirkungen
- Verböserung
- Einspruchsentscheidung/Änderungsbescheid

Aussetzung der Vollziehung

Lektion 13: Klageverfahren

Nachdem nun in der vorangegangenen Lektion das außergerichtliche Verfahren (Einspruch) behandelt wurde, werden jetzt die Möglichkeiten des Steuerpflichtigen besprochen, sich an die Finanzgerichte zu wenden. Es werden anhand von Fallbeispielen erst die verschiedenen Klagearten vorgestellt und dann die Zulässigkeitsprüfung einer Anfechtungsklage, welche in Klausur und Praxis die häufigste Klageart ist, dargestellt.

Sie werden hierbei merken, dass in vielen Punkten Ähnlichkeiten mit dem Einspruchsverfahren bestehen und haben den doppelten Lerneffekt: Sie kennen mit dem Einspruch bereits das für Anfechtungs- und Verpflichtungsklage notwendige Vorverfahren und treffen bei der Erarbeitung des Klageverfahrens auf „alte Bekannte" aus dem Einspruchsverfahren.

Klagearten

Fall 99

Der Steuerpflichtige K hat mehrere Probleme, bei welchen er gerne finanzgerichtliche Hilfe in Anspruch nehmen möchte. Ist es für die Wahl der richtigen Klageart wichtig, ob sich die Klage gegen einen Verwaltungsakt (VA) richtet oder nicht?

Ja, denn nur bei **verwaltungsaktbezogenen Klagen** (Anfechtungsklage, Verpflichtungsklage, Fortsetzungsfeststellungsklage) ist vor Klageerhebung zwingend das **außergerichtliche Vorverfahren** (**Einspruchsverfahren**) durchzuführen.

Bei den **nicht verwaltungsaktbezogenen Klagen** (Allgemeine Leistungsklage, Feststellungsklage) ist dagegen **kein Vorverfahren** erforderlich.

Eine ausführliche Darstellung und Abgrenzung zum Thema „Verwaltungsakt" finden Sie in Lektion 6.

Übersicht 10: Klagearten

Klagearten	
verwaltungsaktbezogen	**nicht verwaltungsaktbezogen**
Anfechtungsklage Verpflichtungsklage Fortsetzungsfeststellungsklage	Allgemeine Leistungsklage Feststellungsklage
Außergerichtliches Vorverfahren (Einspruchsverfahren)	
erforderlich	nicht erforderlich

Gestaltungsklagen

Mit diesen wird eine Entscheidung begehrt, die eine unmittelbare Rechtsänderung bewirkt, indem sie ein Recht vernichtet, ändert oder schafft.

Fall 100
Gegen K wurden Säumniszuschläge festgesetzt. K möchte diese beseitigt haben. Klageart nach erfolglosem Vorverfahren (Einspruch)?

K begehrt die Aufhebung des Verwaltungsaktes Säumniszuschlag. Statthafte Klageart ist somit die Anfechtungsklage in Form der Aufhebungsklage (§§ 40 Abs. 1 Alt. 1, 100 Abs. 1 FGO).

Fall 101
Die Einkommensteuer 01 des K wurde auf 5.000 € festgesetzt. Er will die Herabsetzung auf 2.500 €. Klageart nach erfolglosem Vorverfahren (Einspruch)?

K begehrt die Änderung des Verwaltungsaktes Steuerbescheid. Statthafte Klageart ist die Anfechtungsklage in Form der Änderungsklage (§§ 40 Abs. 1 Alt. 1, 100 Abs. 2 FGO).

Übersicht 11: Gestaltungsklagen

Anfechtungsklage	
§ 40 Abs. 1 Alt. 1 FGO	
Aufhebungsklage	**Änderungsklage**
Aufhebung VA	Änderung VA
§ 100 Abs. 1 FGO	§ 100 Abs. 2 FGO

Leistungsklagen (im weiteren Sinn)

Mit diesen wird die Verurteilung des Beklagten zu einem Tun, Dulden oder Unterlassen begeht.

Fall 102
K hat beim Finanzamt Stundung der gegen ihn gerichteten Steuerforderungen beantragt. Das Finanzamt gewährt ihm diese jedoch nicht. Klageart nach erfolglosem Vorverfahren (Einspruch)?

K begehrt die Vornahme des abgelehnten Verwaltungsaktes „Stundung". Statthafte Klageart ist die Verpflichtungsklage in Form der Vornahmeklage (§§ 40 Abs. 1 Alt. 2, 101 FGO).

Fall 103
K beantragt den Erlass eines Umsatzsteuerbescheides für 01, in welchem laut Antrag des K eine Umsatzsteuererstattung von 5.000 € zugunsten des K festgesetzt werden soll. Das Finanzamt reagiert über sechs Monate nicht auf den Antrag, K legt deshalb Untätigkeitseinspruch (§ 347 Abs. 1 Satz 2) ein. Das Finanzamt entscheidet nach vier Wochen über den Untätigkeitseinspruch negativ, da nach seiner Meinung Gründe für eine spätere Entscheidung über den Änderungsantrag vorliegen. Wie kann K hiergegen vorgehen?

K begehrt den Erlass des unterlassenen Verwaltungsaktes „Umsatzsteuerfestsetzung" nach negativer Einspruchsentscheidung. Statthafte Klageart ist die Verpflichtungsklage in Form der Unterlassungsklage (§§ 40 Abs. 1 Alt. 2, 101 FGO).

Fall 104

K, der eine gegen ihn gerichtete Amtshandlung des Finanzamtes nicht nachvollziehen kann, beantragt Akteneinsicht. Wie kann er seinen Antrag durchsetzen?

K begehrt die Leistung des Finanzamtes „Gewährung von Akteneinsicht", welche nicht in einem Verwaltungsakt besteht. Statthafte Klageart ist die allgemeine Leistungsklage (Leistungsklage im engeren Sinn) (§ 40 Abs. 1 Alt. 3 FGO).

Übersicht 12: Leistungsklagen (im weiteren Sinn)

Leistungsklagen (im weiteren Sinn)		
Verpflichtungsklage § 40 Abs. 1 Alt. 2 FGO		Allgemeine Leistungsklage (Leistungsklage im engeren Sinn) § 40 Abs. 1 Alt. 3 FGO
Vornahmeklage Vornahme eines abgelehnten VA § 101 FGO	Unterlassungsklage Erlass eines unterlassenen VA § 101 FGO	Tun, Dulden, Unterlassen, wenn kein VA betroffen ist

Feststellungsklagen

Sind auf Feststellung des Bestehens oder Nichtbestehens eines Rechtsverhältnisses oder auf Feststellung der Nichtigkeit eines Verwaltungsaktes gerichtet.

Fall 105

K ist der Meinung, dass er mit seinem Gewerbebetrieb nicht buchführungspflichtig ist. Wie kann er die Feststellung erreichen?

K muss ein rechtliches, ideelles oder wirtschaftliches Interesse an der alsbaldigen Feststellung des Nichtbestehens des Rechtsverhältnisses

„Buchführungspflicht" haben. Ein solches Feststellungsinteresse liegt – aufgrund des mit der Buchführung verbundenen Aufwandes sowie aufgrund der Rechtsfolgen, welche bei Nichteinhaltung der bestehenden Verpflichtung eintreten können – vor. Statthafte Klageart ist die Feststellungsklage (§ 41 Abs. 1 Alt. 1 FGO).

Fall 106
K möchte durch Feststellungsklage festgestellt haben, dass bei der Einkommensteuerveranlagung 01 kein gewerblicher Grundstückshandel vorliegt. Ist dies zulässig?

Die Feststellungsklage ist nur dann statthaft, wenn Anfechtungs-, Verpflichtungs- oder Leistungsklagen nicht in Betracht kommen (§ 41 Abs. 2 Satz 1 FGO). Subsidiarität der Feststellungsklage.

Hier hat K die Möglichkeit, im Rahmen der Anfechtungsklage gegen den Einkommensteuerbescheid 01 vorzugehen und so eine Überprüfung der Besteuerungsgrundlage „gewerblicher Grundstückshandel" zu erreichen. Eine Feststellungsklage scheidet damit aus.

Fall 107
K hat einen Steuerbescheid erhalten, welcher aufgrund eines gravierenden Mangels nichtig ist. Statthafte Klagearten?

K kann mit der Nichtigkeitsfeststellungsklage (§ 41 Abs. 1 Alt. 2 FGO) die Nichtigkeit des Bescheides feststellen lassen. Da die Subsidiarität der Feststellungsklage in diesem Fall nicht greift (§ 41 Abs. 2 Satz 2 FGO), kann er stattdessen auch Anfechtungsklage erheben.

Übersicht 13: Feststellungsklagen

Feststellungsklagen	
Feststellungsklage	Nichtigkeitsfeststellungsklage
Feststellung des Bestehens/ Nichtbestehens eines Rechtsverhältnisses § 41 Abs. 1 Alt. 1 FGO	Feststellung der Nichtigkeit eines VA § 41 Abs. 1 Alt. 2 FGO

Fortsetzungsfeststellungsklage

Fall 108

K hat gegen das Finanzamt eine Anfechtungsklage gegen eine Prüfungsanordnung laufen. Noch während des Klageverfahrens wird die Anordnung vom Finanzamt zurückgenommen. K möchte jedoch die Rechtswidrigkeit der Prüfungsanordnung festgestellt haben, um ein späteres Verwertungsverbot der während der rechtswidrigen Prüfung gewonnen Erkenntnisse „zu sichern". Was kann er tun?

Da sich der von K angefochtene Verwaltungsakt (Prüfungsanordnung) vor dem Urteil durch die Rücknahme erledigt hat, ist die Anfechtungsklage nicht weiter zulässig.

Da K jedoch wegen der befürchteten Verwertung ein Feststellungsinteresse hat, kann er seine ursprüngliche Anfechtungsklage in eine Fortsetzungsfeststellungsklage umstellen (§ 100 Abs. 1 Satz 4 FGO).

Ein derartiges Feststellungsinteresse ist immer dann gegeben, wenn ein rechtliches (z.B. bei Wiederholungsgefahr), wirtschaftliches (z.B. künftige Amtshaftungsansprüche) oder ideelles (z.B. Rehabilitation) Interesse an der Feststellung besteht.

Fall 109

K fragt sich, ob das eben Gesagte auch im Falle einer Verpflichtungsklage gilt?

Ja, wenn eine Feststellungsinteresse gegeben ist, kann nach Eintritt des erledigenden Ereignisses auch von einer Verpflichtungsklage auf eine Fortsetzungsfeststellungsklage umgestellt werden (§ 100 Abs. 1 Satz 4 FGO).

Fall 110

K möchte nun noch wissen, was er machen kann, wenn das erledigende Ereignis eingetreten ist, bevor er überhaupt Klage erhoben hat?

Auch bei Erledigung vor Klageerhebung ist – analog § 100 Abs. 1 Satz 4 FGO – die Fortsetzungsfeststellungsklage statthaft, da anderenfalls hier der Rechtsschutz „vom Zufall abhängig" und nicht lückenlos wäre.

Übersicht 14: Fortsetzungsfeststellungsklagen

Fortsetzungsfeststellungsklagen	
dass erledigter VA rechtswidrig war § 100 Abs. 1 Satz 4 FGO	dass Untätigkeit rechtswidrig war § 100 Abs. 1 Satz 4 FGO analog

Sprungklage

Fall 111

K hat gehört, dass auch bei Anfechtungs- und Verpflichtungsklagen ein Vorverfahren (Einspruch) nicht immer notwendig ist. Da er sich vom Einspruch eh nichts erhofft, möchte er diese Möglichkeit gerne in Anspruch nehmen. Welche Möglichkeit meint K?

Wenn das Finanzamt zustimmt, ist bei der Sprungklage (§ 45 FGO) die Anfechtungs- oder Verpflichtungsklage ohne Vorverfahren zulässig.

Untätigkeitsklage

Fall 112

S hatte im Fall 82 Untätigkeitseinspruch eingelegt, um sein Begehren gegenüber dem Finanzamt durchzusetzen. Das Finanzamt entscheidet auch nach sechs Monaten noch nicht über seinen Untätigkeitseinspruch. Was kann S tun, „um Bewegung in die Sache zu bringen"?

S begehrt den Erlass des unterlassenen Verwaltungsaktes „Einkommensteuerfestsetzung" nach nicht (rechtzeitig) erfolgter Einspruchsentscheidung. Statthafte Klageart ist die Untätigkeitsklage (§ 46 FGO).

Beachte: Der Unterschied zum Fall 103, in welchem es sich um eine Unterlassungsklage (§§ 40 Abs. 1 Alt 2, 101 FGO) handelte, besteht darin, dass die Untätigkeitsklage nach § 46 FGO eine Untätigkeit des Finanzamtes im Einspruchsverfahren voraussetzt („es rührt sich nichts im Einspruchsverfahren").

Übersicht 15: Untätigkeitsklage

Untätigkeitsklage (§ 46 FGO)	davon abzugrenzen: Unterlassungsklage (§§ 40 Abs. 1 Alt. 2, 101 FGO)
Untätigkeit im Einspruchsverfahren	Negative Einspruchsentscheidung

Sie haben nunmehr die wichtigsten Klagearten der FGO kennengelernt. Abschließend nochmals eine Zusammenstellung (große Querübersicht 16).

Zulässigkeitsvoraussetzungen einer Klage

Es gilt wie auch im Einspruchsverfahren: Prüfung Zulässigkeit vor Begründetheit

Fall 113

K, welcher im Einspruchsverfahren nicht Recht bekommen hat, beabsichtigt nun, Klage gegen das Finanzamt der Stadt M einzureichen.

Wer ist für seine Klage zuständig?

Finanzrechtsweg und Zuständigkeit

Da es sich um eine „Abgabenangelegenheit" handelt, ist der Finanzrechtsweg gegeben (§ 33 Abs. 1 Nr. 1 FGO).

Sachlich zuständig ist für die 1. Instanz (Rechtszug) das Finanzgericht (§ 35 FGO).

Örtlich zuständig ist das Finanzgericht, in dessen Bezirk die beklagte Behörde ihren Sitz hat (§ 38 FGO). Da das beklagte Finanzamt in M sitzt, ist somit das Finanzgericht M zuständig.

Übersicht 16: Klagearten der FGO

Gestaltungsklagen		Leistungsklagen (im weiteren Sinn)			Feststellungsklagen	
Anfechtungsklage § 40 Abs. 1 Alt. 1		**Verpflichtungsklage** § 40 Abs. 1 Alt. 2		**Allgemeine Leistungsklage** (Leistungsklage im engeren Sinn) § 40 Abs. 1 Alt. 3	**Feststellungsklage** § 41	
Aufhebungsklage § 100 Abs. 1	Änderungsklage § 100 Abs. 2	Vornahmeklage § 101	Unterlassungsklage § 101		Feststellungsklage § 41 Abs. 1 Alt. 1	Nichtigkeitsfeststellungsklage § 41 Abs. 1 Alt. 2

Fortsetzungsfeststellungsklage	
§ 100 Abs. 1 Satz 4	§ 100 Abs. 1 Satz 4 analog

Sprungklage
§ 45

Untätigkeitsklage
§ 46 Abs. 1

Statthaftigkeit

K hat inzwischen herausgefunden, dass er, um sein Klagebegehren zu erreichen, Anfechtungsklage einreichen muss.

Die einzelnen Klagearten wurden in den Fällen 99 –112 in dieser Lektion dargestellt.

K hat damit die Frage der Statthaftigkeit der Klageart (§§ 40, 41, 45, 46 FGO) geklärt.

Vorverfahren

K hat gehört, dass es für die Anfechtungsklage noch eine besondere Voraussetzung geben soll. Wissen Sie, welche?

Einer Anfechtungs- und auch Verpflichtungsklage muss zwingend ein erfolglos durchgeführtes Vorverfahren (Einspruchsverfahren) vorausgegangen sein (§ 44 FGO).

Gibt es davon auch Ausnahmen?

Ausnahmen sind die Sprungklage (§ 45 FGO) und die Untätigkeitsklage (§ 46 FGO), die in den Fällen 111 und 112 in dieser Lektion dargestellt worden sind.

Form und Inhalt

K fragt sich nunmehr ob es hinsichtlich Form und Inhalt seiner Klage in der FGO bestimmte Vorschriften gibt.

Schauen Sie mit ihm in das Gesetz, denn dort steht die Antwort auf seine Frage.

Form und Inhalt der Klage sind in den §§ 64, 65 FGO geregelt:

Nach § 64 Abs. 1 FGO ist für die Klageerhebung Schriftform erforderlich. Gemäß § 52a FGO ist dies auch auf elektronischem Weg möglich.

Inhaltlich nennt § 65 Abs. 1 Satz 1 FGO folgende **Mussbestandteile**: Kläger (§ 57 Nr. 1 FGO) und Beklagter (§§ 57 Nr. 2, 63 FGO) müssen ebenso genannt werden wie der Gegenstand des Klagebegehrens. Bei der hier vorliegenden Anfechtungsklage ist auch die Bezeichnung des angefochtenen Verwaltungsaktes und der Einspruchsentscheidung erforderlich.

Die Sollbestandteile Antrag, Angabe von begründenden Tatsachen und Beweismitteln, Beifügung des angefochtenen Verwaltungsaktes und der Einspruchsentscheidung (§ 65 Abs. 1 Sätze 2-4 FGO) erleichtern zwar dem Gericht die Arbeit, sind aber nicht zwingende Voraussetzung einer wirksamen Klageeinreichung.

Klagefrist

Innerhalb welcher Frist muss K die Anfechtungsklage einreichen?

Die Klagefrist beträgt einen Monat (§§ 47 Abs. 1, 54 FGO) und beginnt bei der Anfechtungsklage grundsätzlich mit Bekanntgabe der Einspruchsentscheidung.

Wo muss er dies tun?

Einzureichen ist die Klage grundsätzlich beim Finanzgericht (§ 64 Abs. 1 FGO), fristwahrend auch bei der ursprünglichen Behörde (§ 47 Abs. 2 und 3 FGO).

Gibt es bei Fristversäumnis die Möglichkeit der Wiedereinsetzung?

Wiedereinsetzung in den vorigen Stand bei Fristversäumnis ist gegebenenfalls möglich (§ 56 FGO).

Ist Ihnen das wichtige Thema Fristen und Wiedereinsetzung aus Lektion 5 noch geläufig? Dies gut zu kennen lohnt sich, denn Fristberechnungen kommen in der Klausur bei jeder Zulässigkeitsprüfung vor.

Klagebefugnis

Was muss K geltend machen, damit seine Klage zulässig ist?

Er muss geltend machen, durch den angefochtenen Verwaltungsakt in seinen Rechten verletzt zu sein, somit seine Klagebefugnis (§ 40 Abs. 2 FGO).

Welche Besonderheiten gelten diesbezüglich bei Änderungs-, Folge- und Feststellungsbescheiden?

Zu beachten ist bei Änderungs- und Folgebescheiden, dass diese nicht in weiterem Umfang angegriffen werden können, als dies im außergerichtlichen Vorverfahren möglich war (§ 42 FGO).

Bei Feststellungsbescheiden ist die Klagebefugnis auf den in § 48 FGO genannten Personenkreis beschränkt.

Prozessfähigkeit

Welche persönlichen Voraussetzungen muss K erfüllen?

Er muss nach bürgerlichem Recht geschäftsfähig sein (Prozessfähigkeit) (§ 58 Abs. 1 Nr. 1 FGO).

Vertretung

Kann er sich auch vor Gericht vertreten lassen?

Eine Vertretung vor dem Finanzgericht durch Bevollmächtigte ist zulässig (§ 62 FGO) – vor dem BFH besteht sogar Vertretungszwang (§ 62 Abs. 4 FGO).

Kein Klageverzicht und keine Klagerücknahme

Wäre es für die Klage des K schädlich, wenn er gegenüber dem Finanzamt schriftlich auf eine Klage verzichtet hätte oder wenn er die Klage über denselben Streitgegenstand schon einmal zurückgenommen hätte?

Ja, denn weitere Zulässigkeitsvoraussetzung ist, dass **kein Klageverzicht** (§ 50 FGO) und **keine Klagerücknahme** (§ 72 Abs. 2 FGO) erklärt worden sind.

Keine anderweitige Rechtshängigkeit und keine entgegenstehende Rechtskraft

K erwägt, in seiner Streitsache mehrere Gerichte „nebeneinander" anzurufen, damit er sich dann die für ihn günstigste Entscheidung heraussuchen kann. Wäre das zulässig?

„Nebeneinander" ist unzulässig, denn es darf **keine anderweitige Rechtshängigkeit** bei einem anderen oder dem gleichen Gericht bestehen (§ 17 Abs. 1 Satz 2 GVG).

Was wäre, wenn er nach Rechtskraft des Urteils noch weitere Gerichte („nacheinander") bemühen würde?

Auch „nacheinander" ist unzulässig, denn Zulässigkeitsvoraussetzung der Klage ist, dass **keine entgegenstehende Rechtskraft** (§ 110 FGO) durch bereits rechtskräftige Urteile besteht.

Wichtig ist, die **Zulässigkeit** – vor der Begründetheit – immer systematisch durchzuprüfen und keinen wichtigen Punkt zu vergessen.

Daher nun zur einfachen Handhabung die **Übersicht 17**, in der die Prüfpunkte der Zulässigkeit der Klage nochmals zusammengefasst werden.

Rechtsbehelfsverfahren

Übersicht 17: Zulässigkeit der Klage (Prüfschema)

Immer: Zulässigkeit vor Begründetheit

- **Finanzrechtsweg** (§ 33 FGO)
- sachliche und örtliche Zuständigkeit (§§ 35–39 FGO)
- **Statthaftigkeit** der Klageart (§§ 40, 41, 45, 46 FGO)
- erfolglos durchgeführtes **Vorverfahren** bei Anfechtungs-/Verpflichtungsklage (§ 44 FGO)
  Ausnahmen:
  - Sprungklage (§ 45 FGO)
  - Untätigkeitsklage (§ 46 FGO)
- **Form** und Inhalt der Klage (§§ 64, 65 FGO)
- **Klagefrist** (§§ 47 Abs. 1, 54 FGO) 1 Monat
- **Klagebefugnis** (§ 40 Abs. 2 FGO)
  Einschränkung:
  - Änderungs- und Folgebescheide (§ 42 FGO)
  - Feststellungsbescheide (§ 48 FGO)
- Prozessfähigkeit (§ 58 FGO)
- Vertretung durch Bevollmächtigte zulässig (§ 62 FGO)
- vor BFH Vertretungszwang (§ 62 Abs. 4 FGO)
- kein Klageverzicht (§ 50 FGO),
- keine Klagerücknahme (§ 72 Abs. 2 FGO)
- keine anderweitige Rechtshängigkeit (§ 17 Abs. 1 Satz 2 GVG)
- keine entgegenstehende Rechtskraft (§ 110 FGO)

Beachte: Die fett gedruckten Zulässigkeitsvoraussetzungen sind in Klausuren regelmäßig problematisch – es wird aber dringend empfohlen, gedanklich alle Voraussetzungen abzuhaken.

Weiteres zum erstinstanzlichen Verfahren

K hat nunmehr zulässig Klage eingereicht. Er hat jetzt noch Fragen zum weiteren Verlauf des Verfahrens.

Fall 114
K will wissen, wie nach erfolgter Begründetheitsprüfung über seine Klage entschieden wird?

Die Entscheidung erfolgt regelmäßig durch Urteil schriftlich „im Namen des Volkes" (§§ 95 ff. FGO).

Fall 115
K fragt sich, was wäre, wenn das Finanzamt während des laufenden Klageverfahrens einen Änderungsbescheid erlässt, welcher seiner Klage nicht abhilft?

Dann wird der neue Verwaltungsakt (Änderungsbescheid) Gegenstand des Klageverfahrens. Der Änderungsbescheid braucht somit nicht angefochten werden – ein Einspruch hiergegen wäre sogar unzulässig –, er tritt vielmehr an die Stelle des ursprünglichen Bescheides (§ 68 FGO).

Fall 116
Ferner interessiert ihn, ob es auch im Klageverfahren die Möglichkeit gibt, Aussetzung der Vollziehung zu beantragen?

Ja, es kann Aussetzung der Vollziehung nach § 69 FGO beantragt werden.

Revision

Fall 117
K ist stocksauer. Er hat ein Urteil erhalten, das sein Klagebegehren „eiskalt" abweist. Was kann er hiergegen tun?

Er kann, wenn dies im erstinstanzlichen Urteil zugelassen ist, Revision einlegen (§ 115 FGO).

Sachlich zuständig hierfür ist der Bundesfinanzhof (BFH) (§ 36 Nr. 1 FGO).

Revision nur nach Zulassung? K findet im Urteil nichts darüber, dass die Revision in seinem Fall zugelassen ist. Was kann er tun?

Er kann Nichtzulassungsbeschwerde beim BFH einlegen (§ 116 FGO).

Abschließend zum Thema noch ein Leitsatz zum weiteren Klageverfahren:

Leitsatz 17

Weitere wichtige Punkte beim Klageverfahren

- Entscheidung durch Urteil (§ 95 FGO)
- Änderungsbescheide werden Verfahrensgegenstand (§ 68 FGO)
- Aussetzung der Vollziehung (§ 69 FGO)
- Revision (§ 115 FGO)
- Nichtzulassungsbeschwerde (§ 116 FGO)

V. Nebengebiete

Außenprüfung, Steuerstrafrecht und Vollstreckung sind Gebiete, die in den meisten Lehrplänen als Prüfungsstoff vorgesehen sind. Ferner sind diese Themen für die Praxis von nicht zu unterschätzender Bedeutung.

Lektion 14: Außenprüfung

In den folgenden Fällen erhalten Sie einen Einblick in Durchführung und Rechtsfolgen einer Außenprüfung sowie über verbindliche Zusagen aufgrund einer Außenprüfung. Rechtliche Grundlagen finden sich neben der AO auch in der Betriebsprüfungsordnung (im Folgenden zitiert als BpO).

Zulässigkeit einer Außenprüfung

Fall 118

K hat erfahren, dass in seinem Freundeskreis derzeit Außenprüfungen angeordnet werden. Er fragt sich deshalb, ob auch ihn mit seinem Gewerbe diese „Heimsuchung" treffen kann. Wie ist die Rechtslage?

Nach § 193 Abs.1 ist eine Außenprüfung zulässig bei Steuerpflichtigen, die einen gewerblichen oder land- und forstwirtschaftlichen Betrieb unterhalten oder die freiberuflich tätig sind. Es kann somit auch K „treffen".

Nach dieser ihn nicht sonderlich beruhigenden ersten Auskunft möchte K wissen, wozu eine Außenprüfung überhaupt dient. Können Sie ihm mit einem Blick ins Gesetz helfen?

Die Außenprüfung dient der Ermittlung der steuerlichen Verhältnisse des Steuerpflichtigen (§ 194 Abs. 1 Satz 1). Sie kann eine oder mehrere Steuerarten, einen oder mehrere Besteuerungszeiträume umfassen oder sich auf bestimmte Sachverhalte beschränken (§ 194 Abs. 1 Satz 2).

Prüfungsanordnung

■ Fall 119
Als ob er es geahnt hätte. Kurze Zeit nach seinen Überlegungen erhält K tatsächlich eine Prüfungsanordnung für seinen Gewerbebetrieb ins Haus. K hat sich aufgrund diverser Erfahrungen in steuerlichen Angelegenheiten angewöhnt, jedes Schreiben von Finanzbehörden genau zu lesen. Was muss K bei der Durchsicht der Prüfungsanordnung beachten?

Die Prüfungsanordnung muss – wie bei K – grundsätzlich schriftlich oder elektronisch erfolgen (§ 196).

Inhaltlich muss sie den Namen des Steuerpflichtigen, zu prüfende Steuerarten und gegebenenfalls Sachverhalte sowie den Prüfungszeitraum nennen (§ 119 Abs. 2 AO; § 5 Abs. 2 Satz 1 BpO).

Ist eines dieser Erfordernisse nicht erfüllt, ist der Verwaltungsakt „Prüfungsanordnung" nichtig (§ 125).

Gibt es sonst noch Erfordernisse, deren Fehlen sich auf die Anordnung auswirken?

Prüfungsbeginn und Prüfungsort sind eigene Verwaltungsakte (§ 5 Abs. 2 Satz 3 BpO) und damit ohne Auswirkung für die Prüfungsanordnung selbst.

Das Fehlen der Rechtsbehelfsbelehrung hat keinen Einfluss auf die Wirksamkeit der Anordnung selbst, sondern verlängert lediglich die Einspruchsfrist (§ 356 Abs. 2).

Verhalten während der Außenprüfung

■ Fall 120
K, der dem Prüfer bei dessen Tätigkeit genau „auf die Finger sehen" möchte, sucht in der AO nach Vorschriften über dessen Verhalten bei der Prüfung. Wo wird er fündig werden?

Nach § 198 Satz 1 hat sich der Prüfer bei Erscheinen unverzüglich auszuweisen (Ausweispflicht).

In § 199 finden sich folgende Prüfungsgrundsätze:

- Der Prüfer hat die tatsächlichen und rechtlichen Verhältnisse, die für die Besteuerung maßgeblich sind (Besteuerungsgrundlagen), zugunsten wie zuungunsten des Steuerpflichtigen zu prüfen (§ 199 Abs. 1).
- Während der Außenprüfung ist der Steuerpflichtige über die festgestellten Sachverhalte und die möglichen steuerlichen Auswirkungen zu unterrichten, wenn dadurch Zweck und Ablauf der Prüfung nicht beeinträchtigt werden (§ 199 Abs. 2).

Fall 121
Das klingt ja schon mal ganz gut, findet K. Er befürchtet jedoch, dass er auch seinerseits Mitwirkungspflichten hat. Wo sind diese geregelt?

§ 202 und § 8 BpO bestimmen Mitwirkungspflichten des Steuerpflichtigen.

- Der Steuerpflichtige hat bei der Feststellung der Sachverhalte, die für die Besteuerung erheblich sein können, mitzuwirken (§ 200 Abs. 1 Satz 1).
- Er hat insbesondere Auskünfte zu erteilen und Aufzeichnungen, Bücher, etc. vorzulegen (§ 200 Abs. 1 und 2).
- Betriebsbesichtigungen hat er zu dulden (§ 200 Abs. 3 Sätze 2 und 3).
- Raum und erforderliche Hilfsmittel müssen kostenlos zur Verfügung gestellt werden (§ 200 Abs. 2 Satz 2).
- Es ist dem Prüfer möglich, Auskünfte auch von anderen Betriebsangehörigen (§ 200 Abs. 1 Sätze 3 und 4 AO; § 8 Abs. 2 BpO) und von Dritten (§ 200 Abs. 1 Sätze 3 und 4 i.V.m. § 93) einzuholen.

Schlussbesprechung und Prüfungsbericht

Fall 122
Nachdem K die vorstehenden Einzelheiten „verdaut" hat, möchte er nun wissen, wie vorgegangen wird, wenn der Prüfer zu einem Ergebnis gekommen ist. Helfen Sie ihm, die entsprechenden Normen in der AO zu finden.

Über das Ergebnis der Außenprüfung ist eine Schlussbesprechung abzuhalten, bei welcher insbesondere strittige Sachverhalte sowie die rechtliche Beurteilung der Prüfungsfeststellungen und die steuerlichen Auswirkungen zu erörtern sind (§ 201 Abs. 1).

Ist eine Schlussbesprechung zwingend?

Die Schlussbesprechung entfällt, wenn sich nach dem Ergebnis der Außenprüfung keine Änderung der Besteuerungsgrundlagen ergibt oder der Steuerpflichtige auf die Besprechung verzichtet (§ 201 Abs. 1 Satz 1).

Bekommt K über das Ergebnis der Außenprüfung auch noch etwas „Schriftliches"?

Ja, einen schriftlichen Bericht (Prüfungsbericht) (§ 202 Abs. 1 Satz 1). In diesem sind alle für die Besteuerung erheblichen Prüfungsfeststellungen in tatsächlicher und rechtlicher Hinsicht sowie die Änderungen der Besteuerungsgrundlagen darzustellen. Ergeben sich keine Änderungen, wird dies dem Steuerpflichtigen mitgeteilt (§ 202 Abs. 1).

Kann K Schlussbesprechung und Prüfungsbericht anfechten?

Nein, Schlussbesprechung und Prüfungsbericht sind keine Verwaltungsakte. Anfechtbar sind daher nur die nach der Außenprüfung ergehenden geänderten Bescheide.

Verbindliche Zusagen aufgrund einer Außenprüfung

Fall 123
K interessiert noch, ob die bei der Außenprüfung festgestellten Sachverhalte für die Zukunft „irgendwelche" Bindungswirkung entfalten. Er hat „irgend etwas" von „verbindlicher Zusage" gehört. Was sind deren Voraussetzungen?

Voraussetzungen für die verbindliche Zusage nach § 204 sind, dass

– ein für die Vergangenheit geprüfter und im Prüfungsbericht dargestellter Sachverhalt vorliegt

– und die Kenntnis der künftigen Behandlung desselben für die geschäftlichen Maßnahmen des Steuerpflichtigen von Bedeutung ist.

Ist dies der Fall, so soll die Finanzbehörde im Anschluss an die Außenprüfung dem Steuerpflichtigen auf Antrag verbindlich zusagen, wie dieser Sachverhalt in Zukunft steuerrechtlich behandelt wird.

Und wie wird die verbindliche Zusage erteilt?

Sie wird schriftlich erteilt und als verbindlich gekennzeichnet (§ 205 Abs. 1).

Sie muss nach § 205 Abs. 2 Folgendes enthalten:

- den ihr zugrunde gelegten Sachverhalt, wobei auf den Prüfungsbericht Bezug genommen werden kann (Nr. 1)
- die Entscheidung über den Antrag und die dafür maßgeblichen Gründe (Nr. 2)
- eine Angabe darüber, für welche Steuern und für welchen Zeitraum die verbindliche Zusage gilt (Nr. 3).

Worauf erstreckt sich die Bindungswirkung?

Die verbindliche Zusage ist für die Besteuerung bindend, wenn sich der später verwirklichte Sachverhalt mit dem der verbindlichen Zusage zugrunde gelegten Sachverhalt deckt (§ 206 Abs. 1).

Wie lange gilt sie?

Sie tritt außer Kraft, wenn sich die entscheidungserheblichen Rechtsvorschriften ändern (§ 207 Abs. 1).

Sie kann mit Wirkung für die Zukunft aufgehoben oder geändert werden (§ 207 Abs. 2).

Mit Wirkung für die Vergangenheit ist eine Aufhebung oder Änderung nur möglich, wenn der Steuerpflichtige zustimmt oder wenn die Zusage von einer sachlich unzuständigen Behörde erlassen worden sind oder durch unlautere Mittel erwirkt wurde (§ 207 Abs. 3 i.V.m. § 130 Abs. 2 Nr. 1 oder 2).

Abschließend eine Zusammenstellung zum Thema Außenprüfung:

Übersicht 18: Außenprüfung

- **Zulässigkeit der Außenprüfung** (§§ 193 ff.)
- **Prüfungsanordnung** (§§ 196, 197)
- **Prüfungsgrundsätze** (§ 199)
- **Mitwirkungspflichten** (§ 200)
- **Schlussbesprechung** (§ 201)
- **Prüfungsbericht** (§ 202)
- **Verbindliche Zusage** (§§ 204 ff.)

Lektion 15: Verbindliche Auskunft

Der Steuerpflichtige K, noch ganz unter dem Eindruck seiner eben abgeschlossenen Betriebsprüfung, möchte auch für einen anderen Sachverhalt „etwas Verbindliches" vom Finanzamt in den Händen halten. Das Gesetz sieht hierfür in § 89 Abs. 2 – 5 die Möglichkeit einer verbindlichen Auskunft vor.

Konkretisiert wird die Vorschrift durch die „Verordnung zur Durchführung von § 89 Abs. 2 der Abgabenordnung" (Steuer-Auskunftsverordnung – StAuskV). Für Klausuren lohnt sich auch ein Blick in den Anwendungserlass zur AO (AEAO) zu § 89 (wenn Sie diesen mitnehmen dürfen – bitte vorher mit Ihrem Prüfungsamt abklären).

Wie ein Antrag auf verbindliche Auskunft „funktioniert", wird im Folgenden dargestellt:

Formvorschriften für den Antrag

Fall 124
K, ein begeisterter Hobbyflieger, möchte das Angenehme mit dem Nützlichen verbinden und für sein Geschäft ein Kleinflugzeug erwerben, mit welchem er dann auch seine zahlreichen Auswärtstermine wahrnehmen kann. Ihn interessiert hierbei natürlich, ob er das Flugzeug in dem von ihm geplanten Umfang steuerlich geltend machen kann.
Da ihm aufgrund seiner inzwischen in steuerlichen Belangen gesammelten Erfahrungen klar geworden ist, dass bei den Finanzämtern alles gewissen Regeln folgt, möchte er wissen, was er bei der Formulierung eines Antrags auf verbindliche Auskunft zu beachten hat?

Der Antrag auf verbindliche Auskunft ist an genau einzuhaltende Formvorschriften gebunden, die in § 1 Abs. 1 StAuskV zu finden sind. Er ist schriftlich oder elektronisch zu stellen und muss folgende Angaben enthalten:

- Genaue Bezeichnung des Antragstellers (Nr. 1). Hierzu gehören neben K's Namen auch sein Wohnort und seine Steuernummer.

- K muss dem Finanzamt eine **umfassende** und **in sich abgeschossene Darstellung** eines **ernsthaft geplanten, im Wesentlichen noch nicht verwirklichten Sachverhaltes liefern** (Nr. 2).
  Es ist also wichtig, dass K nicht nur unvollständige Details vorträgt. Neben einer genauen Beschreibung seines Unternehmens muss er insbes. Flugzeugtyp, Anschaffungs- und Betriebskosten sowie den privaten Nutzungsanteil nennen und den Vorteil darlegen, welcher ihm durch die Anschaffung für sein Unternehmen entsteht.
  K darf den Sachverhalt auch nicht alternativ (kein „entweder – oder") formulieren. Seine Darstellung darf nicht lediglich auf Annahmen beruhen (kein „vermutlich"), er muss eindeutige Fakten nennen. Auf beigefügte Anlagen (beispielsweise Verträge oder Gutachten) darf K zwar verweisen, jedoch nur als Beleg, er muss also die in den Anlagen enthaltenen Ausführungen auch in seiner Darstellung schildern.

- K muss **sein besonderes steuerliches Interesse** an der verbindlichen Auskunft darlegen (Nr. 3).

- Desweiteren wird von ihm eine **ausführliche Darlegung** des **Rechtsproblems** mit **eingehender Begründung** des **eigenen Rechtsstandpunktes** verlangt (Nr. 4).
  K wird darlegen müssen, warum es sich nicht um unangemessene Aufwendungen im Sinne des § 4 Abs. 5 Satz 1 Nr. 7 EStG handelt und hierfür Argumente wie Zeitersparnis, Wettbewerbsvorteile und ersparte Aufwendungen nennen und begründen.

- K muss **konkrete Rechtsfragen** formulieren (Nr. 5). Globale Fragen nach den eintretenden Rechtsfolgen reichen nicht aus.
  Hier also die Frage, ob es sich bei dem geplanten Erwerb des Flugzeuges um unangemessene Aufwendungen im Sinn des § 4 Abs. 5 Satz 1 Nr. 7 EStG handelt.

- K muss die **Erklärung** abgeben, dass über den zur Beurteilung gestellten Sachverhalt **bei keiner anderen Finanzbehörde verbindliche Auskunft beantragt** wurde (Nr. 6).

- Er muss ferner die **Versicherung** abgeben, dass alle für die Erteilung der Auskunft und für die Beurteilung **erforderlichen Angaben gemacht** wurden und **der Wahrheit entsprechen** (Nr. 7).

Umfang der Bindungswirkung

Fall 125

Nach der Lektüre der Voraussetzungen ist K „geplättet". Da muss er ja erstmal eine „Doktorarbeit" schreiben, bevor er vom Finanzamt etwas erfährt. Ehe er diese Strapazen auf sich nimmt, möchte er wissen, was er von so einer Auskunft überhaupt für Vorteile hat?

Die vom Finanzamt erteilte Auskunft ist dann für dieses bindend („verbindliche Auskunft"). Das bedeutet, dass das Vertrauen des Antragstellers K im Hinblick auf die steuerliche Handhabung geschützt wird. Er kann nunmehr seine Dispositionen treffen und hat die Sicherheit, dass seine Vorhaben steuerlich so behandelt werden, wie das Finanzamt dies mitgeteilt hat.

Fall 126

K ist zwar einerseits erfreut wegen der gewonnenen Sicherheit. Andererseits bezweifelt er jedoch, dass die Bindungswirkung immer bestehen bleibt und fragt sich, ob das Finanzamt da auch wieder ein „Hintertürchen" hat, um die Bindungswirkung auszuschließen?

K's Misstrauen ist nicht ganz unbegründet. Die Bindungswirkung der verbindlichen Auskunft tritt nämlich unter gewissen Voraussetzungen nicht ein bzw. erlischt (vgl. auch § 2 StAuskV und AEAO zu § 89), wenn:

- der später verwirklichte Sachverhalt von dem in der Auskunft zugrundegelegten abweicht

- das Finanzamt bis zur von der Auskunft abhängigen Disposition einen anderen rechtlichen Standpunkt einnimmt und die Auskunft widerruft

- die Rechtsvorschriften, auf denen die Auskunft beruht, geändert werden

- das Finanzamt eine unrichtige Auskunft zulässigerweise mit Wirkung für die Zukunft widerruft

– das Finanzamt die Auskunft rückwirkend aufhebt, weil sie von einer unzuständigen Behörde erlassen oder durch unlautere Mittel wie arglistige Täuschung, Drohung oder Bestechung erwirkt worden ist.

Hierauf hat das Finanzamt bei der schriftlich zu erteilenden Auskunft ausdrücklich hinzuweisen.

Mögliche Rechtsbehelfe

Fall 127
Nichts ist gewiss, denkt sich K, auch nicht, dass das Finanzamt seinem Auskunftsersuchen antragsgemäß nachkommt. Er fragt sich deshalb, was er machen kann, wenn das Finanzamt ihm die verbindliche Auskunft nicht mit dem von ihm gewünschten Inhalt erteilt oder wenn es seinen Antrag auf Erteilung gar ablehnt oder lange nichts hören lässt?

Da die Erteilung einer verbindlichen Auskunft kein Verwaltungsakt ist, kann K gegen sie nicht im Einspruchsverfahren vorgehen. Im bleibt daher nur die Möglichkeit, im Feststellungs- oder Festsetzungsverfahren auf die entsprechenden Bescheide zu reagieren.

Wird jedoch sein Antrag auf Erteilung einer verbindlichen Auskunft abgelehnt, weil beispielsweise die formellen Voraussetzungen des BMF-Schreibens nicht erfüllt sind, dann stellt diese Ablehnung einen Verwaltungsakt dar. Hiergegen kann K dann Einspruch (§ 347 Abs. 1 Satz 1) einlegen.

Und wenn das Finanzamt nicht innerhalb von sechs Monaten ab Eingang des Antrags entscheidet und dem K auch nicht die Gründe für die Verzögerung mitteilt (§ 89 Abs. 2 Satz 4), so kann dieser Untätigkeitseinspruch (§ 347 Abs. 1 Satz 2) einlegen bzw. Untätigkeitsklage (§ 46 Abs. 1 Satz 1 FGO) erheben.

Gebühren

Fall 128
Nichts ist umsonst im Leben, denkt sich K. Kostet ihn der Antrag auf verbindliche Auskunft etwa etwas?

K hat Recht, für den Antrag fallen Gebühren an (§ 89 Abs. 3 – 7 und AEAO zu § 89). Dies – ermäßigt – sogar dann, wenn der Antrag abgelehnt wird oder wenn das Finanzamt eine andere Rechtsauffassung vertritt als der Antragsteller K.

Und wie, fragt K, werden die Gebühren berechnet? Muss er etwa auch hierzu Angaben liefern?

Die Gebühr richtet sich grds. nach dem Wert, den die Auskunft für den Antragsteller hat, dem Gegenstandswert (§ 89 Abs. 4 Satz 1). Maßgebend für dessen Bestimmung ist die steuerliche Auswirkung des vom Antragsteller K dargelegten Sachverhalts.

Und was passiert, fragt sich der rechenfaule K, wenn er dem Finanzamt keinen Gegenstandswert liefert?

Wenn der Antragsteller den Gegenstandswert nicht beziffert und dieser auch nicht durch Schätzung bestimmbar ist, dann wird eine Zeitgebühr von 50 € je angefallener halber Stunde Bearbeitungszeit erhoben (§ 89 Abs. 4 Satz 4).

Und gibt es irgendwelche Bagatellregelungen, fragt K hoffnungsvoll?

Ja, es gibt Bagatellregelungen. Wenn der Gegenstandswert weniger als 10.000 € beträgt, wird keine Gebühr erhoben (§ 89 Abs. 5 Satz 2), ebenso, wenn die Bearbeitungszeit weniger als zwei Stunden beträgt (§ 89 Abs. 6 Satz 2). Ferner gibt es noch eine Billigkeitsregel in § 89 Abs. 7, die insbesondere dann greift, wenn der Antrag auf Erteilung einer verbindlichen Auskunft vor der Entscheidung der Finanzbehörde zurückgenommen wird.

Leitsatz 18

Antrag auf Erteilung einer verbindlichen Auskunft

- ▶ Der Antrag (§ 89 Abs. 2) ist an strenge formale Voraussetzungen gebunden.
- ▶ Die Ablehnung des Antrages ist – anfechtbarer – Verwaltungsakt, nicht jedoch die Erteilung selbst.
- ▶ Der Antrag ist gebührenpflichtig (§ 89 Abs. 3 – 7).

Lektion 16: Steuerstrafrecht

Die folgenden Fälle befassen sich mit dem Gebiet des Steuerstrafrechts. Sie erhalten einen Überblick über den Straftatbestand der Steuerhinterziehung und lernen die Möglichkeit der strafbefreienden Selbstanzeige kennen.

Steuerhinterziehung

Fall 129

Der Steuerpflichtige X möchte keine Umsatzsteuer zahlen sondern viel lieber eine Erstattung. Da er dies auf „legalem Wege" wegen seiner hohen Einnahmen nicht erreicht, „erfindet" er Ausgaben und erklärt diese wissentlich und willentlich („vorsätzlich") in seiner Steuererklärung. Das Finanzamt veranlagt ihn wie erklärt, was für X zu einer Erstattung von 500 € anstatt einer Zahllast von 2.000 € führt. Hat X sich strafbar gemacht?

Indem er gegenüber dem Finanzamt in seiner Steuererklärung vorsätzlich falsche Angaben gemacht hat („erfundene Ausgaben") und dadurch Steuern verkürzt wurden, hat X den Tatbestand der Steuerhinterziehung durch aktives Tun (§ 370 Abs. 1 Nr. 1) erfüllt.

Fall 130

Der Steuerpflichtige Y hat Steuervergünstigungen beantragt. Als die Voraussetzungen hierfür wegfallen teilt er dies dem Finanzamt nicht mit, obwohl er hierzu verpflichtet wäre. Hat Y sich strafbar gemacht?

Indem er das Finanzamt pflichtwidrig über steuerlich erhebliche Tatsachen („Wegfall der Voraussetzungen") in Unkenntnis gelassen hat und dadurch Steuern verkürzt wurden, hat Y den Tatbestand der Steuerhinterziehung durch Unterlassen (§ 370 Abs. 1 Nr. 2) erfüllt.

Fall 131

Der Steuerberater Z macht vorsätzlich in der Steuererklärung seines Mandanten falsche Angaben, welche für seinen Mandanten zu einer diesem nicht zustehenden Steuererstattung führen. Z ist der Meinung, als „Robin Hood der Steuerzahler" habe er nicht mit einer Bestrafung zu rechnen, da er selbst keinerlei Vorteil aus seiner Handlung ziehe. Hat er Recht?

Z irrt sich. Nach § 370 Abs. 1 ist auch das Verschaffen eines nicht gerechtfertigten Steuervorteils für einen anderen strafbar.

Fall 132
X, Y und Z möchten wissen, was ihnen bei Steuerhinterziehung an Strafen droht und ob es gegebenenfalls „noch schärfere Sanktionen" gibt.

Die Steuerhinterziehung wird mit Freiheitsstrafe bis zu fünf Jahren oder Geldstrafe geahndet (§ 370 Abs. 1)

„Schärfere Sanktionen" würden bei einem besonders schweren Fall der Steuerhinterziehung (§ 370 Abs. 3) (Freiheitsstrafe von sechs Monaten bis zu zehn Jahren) verhängt werden.

Selbstanzeige bei Steuerhinterziehung

Fall 133
X, auf einmal vom schlechten Gewissen gepackt, geht reumütig zu „seinem" Finanzbeamten und beichtet vollumfänglich seine Tat, bevor die Erstattung an ihn ausgezahlt wurde. Hat dies Einfluss auf die Strafbarkeit wegen Steuerhinterziehung?

X hat eine Steuerhinterziehung nach § 370 Abs. 1 Nr. 1 begangen. Da er jedoch die unrichtigen Angaben gegenüber dem Finanzamt im Rahmen der Selbstanzeige in vollem Umfang berichtigt hat, wird er nicht nach § 370 bestraft (§ 371 Abs. 1).

Was wäre, wenn er den hinterzogenen Betrag von 500 € bereits ausgezahlt erhalten hätte?

Wenn ihm der durch die Hinterziehung erlangte Betrag bereits ausgezahlt wurde, tritt die Straffreiheit nur dann ein, wenn er die hinterzogenen Steuern innerhalb einer ihm vom Finanzamt bestimmten angemessenen Frist entrichtet (§ 371 Abs. 3).

Fall 134
Auch Y möchte nach langen Überlegungen strafbefreiende Selbstanzeige erstatten. Er „nützt" die Gelegenheit und „beichtet" dem gerade anwesenden Betriebsprüfer seine steuerlichen Verfehlungen. Hat er hierdurch Straffreiheit erreicht?

Nein, denn Straffreiheit tritt nicht ein, wenn vor der Berichtigung, Ergänzung oder Nachholung dem Täter eine Prüfungsanordnung bekannt gegeben worden ist (§ 371 Abs. 2 Satz 1 Nr. 1 (a)) oder ein Amtsträger der Finanzbehörde (z.B. Betriebsprüfer) zur steuerlichen Prüfung erschienen ist (§ 371 Abs. 2 Satz 1 Nr. 1 (c)). Die Sperrwirkung ist dabei jeweils auf den sachlichen und zeitlichen Umfang der Außenprüfung begrenzt.

Was wäre, wenn Y bereits die Einleitung eines Strafverfahrens wegen seiner Tat bekannt gegeben worden wäre?

Straffreiheit ist auch dann nicht zu erreichen, wenn dem Täter die Einleitung des Strafverfahrens wegen seiner Tat bekannt gegeben worden ist (§ 371 Abs. 2 Satz 1 Nr. 1 (b)) oder ein Amtsträger zur Ermittlung einer Steuerstraftat und -ordnungswidrigkeit erschienen ist (§ 371 Abs. 2 Satz 1 Nr. 1 (d)). Ferner, wenn ein Amtsträger der Finanzbehörde zu einer Umsatzsteuer-, Lohnsteuer oder einer anderen steuerrechtlichen Nachschau erschienen ist und sich ausgewiesen hat (§ 371 Abs. 2 Satz 1 Nr. 1 (e)).

Fall 135
Z weiß, dass man ihm „auf die Schliche" gekommen ist, hofft aber dennoch, dass er noch strafbefreiende Selbstanzeige erstatten kann. Ist seine Hoffnung berechtigt?

Nein, Kenntnis von der Entdeckung der Tat im Zeitpunkt der Selbstanzeige schließt Straffreiheit aus (§ 371 Abs. 2 Nr. 2).

Fall 136
Der Steuerpflichtige H hat Steuern in Höhe von 30.000 € hinterzogen. Hat das Auswirkungen auf die fristgerechte und ansonsten korrekte Selbstanzeige?

Eine Selbstanzeige ist eigentlich nicht möglich, wenn der erlangte Steuervorteil mehr als 25.000 € beträgt (§ 371 Abs. 2 Nr. 3).

H steht mit gezücktem Scheckbuch im Finanzamt. Er ist bereit, „jeden Geldbetrag" zu zahlen, um aus der Sache straffrei rauszukommen. Mit Erfolg?

H kann Erfolg haben, da die Straffreiheit nur wegen der Höhe des hinterzogenen Betrages nicht eingetreten ist. Es wird von der Verfolgung seiner Steuerstraftat abgesehen, wenn er die hinterzogenen Steuern nebst (Hinterziehungs)Zinsen (§ 235 bzw. § 233a) fristgerecht entrichtet und einen Geldbetrag, der sich in Prozent der hinterzogenen Steuer bemisst, zugunsten der Staatskasse zahlt (§ 398a).

Hinweis: *§ 389a greift auch, wenn Straffreiheit gem. § 371 Abs. 2 Satz 1 Nr. 4 wegen eines besonders schweren Falls nach § 370 Abs. 3 Satz 2 Nr. 2 – 6 ausgeschlossen ist.*

Festsetzungsfrist bei Steuerhinterziehung

Fall 137
X spielt nunmehr mit dem Gedanken sich nicht der Finanzbehörde zu offenbaren, sondern „das Ganze auszusitzen". Schließlich betrage die Festsetzungsfrist ja nur vier Jahre. Kann er sich tatsächlich nach vier Jahren in Sicherheit wiegen?

Nein, denn bei Steuerhinterziehung gilt die zehnjährige Festsetzungsfrist (§ 169 Abs. 2 Satz 2).

Verfolgungsverjährung bei Steuerhinterziehung

Fall 138
A hat eine normale Steuerhinterziehung begangen, B eine besonders schwere. Die beiden haben sich in Südamerika angefreundet. Ihr Motto: Lieber in der Sonne auf das Ende der Verfolgungsverjährung warten, als in Deutschland vor Gericht stehen. Langsam plagt sie jedoch das Heimweh. Vom Ex-Knacki C, der gerne mit seinen juristischen Fähigkeiten um sich wirft, haben sie erfahren, dass die Verjährungsfristen nach dem Strafgesetzbuch (StGB) wie folgt aussehen:
Für Straftaten, die im Höchstmaß mit Freiheitsstrafen von mehr als einem Jahr bis zu fünf Jahren bedroht sind: fünf Jahre (§ 78 Abs. 3 Nr. 4 StGB). Eine Verlängerung für besonders schwere Fälle gibt es nicht (§ 78 Abs. 4 StGB).
A und B, bei denen die Fristen des StGB jeweils abgelaufen sind, planen ihre Rückkehr nach Deutschland und freuen sich auf ein unbehelligtes Leben in der Heimat. Zu Recht?

Die Vorschriften des StGB sind zwar für Steuerstraftaten grundsätzlich anwendbar. Dies jedoch nur dann, wenn die AO nichts anderes bestimmt (§ 369 Abs. 2 AO).

A hat eine Steuerhinterziehung nach § 370 Abs. 1 AO begangen, Höchststrafe fünf Jahre. Für ihn gilt deshalb die Vorschrift des § 78 Abs. 3 Nr. 4 StGB, so dass seine Tat nicht mehr geahndet werden kann.

Zwar würde es für B's besonders schweren Fall der Steuerhinterziehung (§ 370 Abs. 3 AO) nach dem StGB keine Verlängerung der Verjährungsfrist geben. Hier greift jedoch die Sondervorschrift des § 376 Abs. 1 AO, nach welchem eine Verjährungsfrist von zehn Jahren gilt. Seine Tat kann deshalb noch geahndet werden.

Leichtfertige Steuerverkürzung

Fall 139

Der Steuerpflichtige L hinterzieht Steuern. Er handelt hierbei jedoch nicht vorsätzlich wie die Täter in den vorherigen Beispielen, sondern leichtfertig. Ist L wegen Steuerhinterziehung zu bestrafen?

Nein, es handelt sich um eine leichtfertige Steuerverkürzung (§ 378). Eine solche ist im Gegensatz zur Steuerhinterziehung keine Straftat, sondern eine Ordnungswidrigkeit. Wichtigster Unterschied: Straftat führt zu Freiheits- oder Geldstrafe, Ordnungswidrigkeit „nur" zu Geldbuße, im Falle der leichtfertigen Steuerverkürzung bis zu 50.000 € (§ 378 Abs. 2).

Was genau ist eigentlich „leichtfertig"?

Leichtfertig ist nach der Rechtsprechung „grobe Fahrlässigkeit". Ein derartiges Handeln liegt vor, wenn jemand trotz Voraussehbarkeit einer Rechtsverletzung einen gesetzlichen Tatbestand in pflichtwidriger Weise verletzt („Fahrlässigkeit") und hierbei mit besonderer Gleichgültigkeit vorgeht („grob").

Besteht auch für L die Möglichkeit der Selbstanzeige?

Ja. Die Möglichkeit entfällt – anders als bei der Steuerhinterziehung (§ 371 Abs. 2) – nur ab Bekanntgabe der Einleitung eines Straf- oder Bußgeldverfahrens (§ 378 Abs. 3 Satz 1).

Und was ist, wenn S die unrechtmäßig festgesetzte Erstattung von der Finanzkasse schon erhalten hat?

Sind Steuerverkürzungen bereits eingetreten oder Steuervorteile erlangt, so wird eine Geldbuße nicht festgesetzt, wenn der Täter die aus der Tat zu seinen Gunsten verkürzten Steuern innerhalb der ihm bestimmten angemessenen Frist entrichtet (§ 378 Abs. 3 Satz 2).

Wie lange ist die Festsetzungsfrist?

Sie beträgt fünf Jahre (§ 169 Abs. 2 Satz 2).

Und wie sieht es aus mit der Verfolgungsverjährung?

Wie schon bei den Steuerstraftaten, hält auch hier die AO eine Sonderregelung bereit. Nach § 384 AO beträgt die Verjährungsfrist fünf Jahre (Die Dreijahresfrist des § 31 Abs. 2 Nr. 1 OWiG ist damit nicht anwendbar (§ 377 Abs. 2 AO)).

Übersicht 19: Steuerstrafrecht

	Steuerhinterziehung	Leichtfertige Steuerverkürzung
AO	§ 370	§ 378
Deliktform	Vorsatzdelikt „Wissen und Wollen"	Fahrlässigkeitsdelikt „Leichtfertigkeit"
Einstufung	Straftat	Ordnungswidrigkeit
Ahndung	Freiheitsstrafe (bis 5/ggf. 10 Jahre)/Geldstrafe	Geldbuße (bis 50.000 €)
Selbstanzeige	§ 371	§ 378 Abs. 3
Festsetzungsfrist	10 Jahre § 169 Abs. 2 Satz 2	5 Jahre § 169 Abs. 2 Satz 2
Verjährungsfrist	5 Jahre (§ 78 Abs. 3 Nr. 4 StGB) bzw. 10 Jahre (§ 376 Abs. 1 AO)	5 Jahre (§ 384 AO)

Mehr dazu finden Sie im Buch „Steuerstrafrecht – *leicht gemacht®*".

Lektion 17: Vollstreckung

Der Steuerpflichtige K erfüllt seine steuerlichen Zahlungsverpflichtungen nicht immer ganz freiwillig. Die AO sieht für derartige Fälle das Vollstreckungsverfahren vor, welches eine zwangsweise Durchsetzung der Ansprüche ermöglichen soll. Im Folgenden werden mögliche Vorgehensweisen der Finanzbehörde dargestellt und erklärt, was K machen kann, wenn er hiergegen Einwendungen hat:

Vollstreckungsvoraussetzungen

Fall 140
Aufgrund des Einkommensteuerbescheides 04 ist gegen K eine Steuernachzahlung in Höhe von 2.000 € festgesetzt worden, zur Zahlung fällig am 14.02.06. Muss K bereits am 10.02.06 mit Einleitung der Vollstreckungsmaßnahmen rechnen?

Nein, den Grundvoraussetzung ist die Fälligkeit des Geldleistungsanspruchs aus dem vollsteckbaren Verwaltungsakt „Steuerbescheid" (§ 254 Abs. 1 Satz 1).

Fall 141
K hat von dem Finanzbeamten B erst eine „Mahnung" und anschließend eine „Ankündigung der Vollstreckung" erhalten. Wutschnaubend legt er hiergegen jeweils Einspruch an. Wird er damit Erfolg haben?

Nein, denn Mahnung und Vollstreckungsankündigung sind keine Verwaltungsakte, so dass ein Einspruch hiergegen jeweils unstatthaft ist (§ 347 Abs. 1 Satz 1 Nr. 1 Umkehrschluss).

Fall 142
Gegen K wird wegen zweier offener Steuerforderungen vollstreckt. K findet es „unerhört", dass er wegen der Einkommensteuer 01 vorher keine Mahnung und wegen der Einkommensteuer 02 keine Vollstreckungsankündigung erhalten hat. Hat dies Einfluss auf die Rechtmäßigkeit der Vollstreckungsmaßnahmen?

Die Mahnung „soll" nach § 259 Satz 1 lediglich erfolgen, gehört jedoch nicht zu den zwingenden Vollstreckungsvoraussetzungen. Die

Vollstreckung der Einkommensteuer 01 trotz fehlender Mahnung war daher rechtmäßig.

Die Vollstreckungsandrohung (Leistungsgebot) ist dagegen zwingende Voraussetzung für den Beginn der Vollstreckungshandlung (§ 254 Abs. 1 Satz 1). Mit ihm soll der Vollstreckungsschuldner (nochmals) zur Leistung aufgefordert und auf die Folgen weiterer Nichtzahlung hingewiesen werden. Die Vollstreckung der Einkommensteuer 02 trotz fehlenden Leistungsgebots ist somit rechtswidrig.

Somit hat im Ergebnis lediglich die fehlende Vollstreckungsandrohung (Leistungsgebot) Einfluss auf die Rechtmäßigkeit der Vollstreckungsmaßnahmen.

Fall 143
K hat wegen seiner offenen Steuerforderung aus Einkommensteuer 03 am 24.05.05 eine Vollstreckungsandrohung (Leistungsgebot) erhalten. Bereits am 25.05.05 beginnt der Finanzbeamte B, der den Fall jetzt schnell zum Abschluss bringen möchte, mit der Vollstreckung. War das zulässig?

Nein, denn nach der Aufforderung zur Leistung muss die Vollstreckungsschonfrist von 1 Woche abgelaufen sein (§ 254 Abs. 1 Satz 1). Die Vollstreckung ist somit rechtswidrig.

Einstellung oder Beschränkung der Vollstreckung

Fall 144
Gegen K ist die Vollstreckung eingeleitet worden (§ 276 Abs. 5). Er sucht im Gesetz, in welchen Fällen er Einstellung oder Beschränkung der Vollstreckung erreichen kann. Wo wird er fündig?

Nach § 257 Abs. 1 ist die Vollstreckung einzustellen oder zu beschränken, sobald:

- die Vollstreckbarkeitsvoraussetzungen des § 251 Abs. 1 weggefallen sind (etwa durch Aussetzung der Vollziehung oder die Einlegung eines Rechtsbehelfs) (Nr. 1)

- der Verwaltungsakt, aus dem vollstreckt wird, aufgehoben wird (etwa wegen Rücknahme des Steuerbescheides) (Nr. 2)

- der Anspruch auf die Leistung erloschen ist (etwa aufgrund Erlass) (Nr. 3)

- die Leistung gestundet worden ist (Nr. 4).

Fall 145

K ist derzeit „knapp bei Kasse", erwartet jedoch in den nächsten sechs Monaten Geldeingänge aus fälliger Lebensversicherung sowie aus Hausverkauf. Hat er die Möglichkeit, einstweilige Einstellung oder Beschränkung der Vollstreckung zu erreichen?

K kann nach § 258 Vollstreckungsaufschub erreichen, soweit im Einzelfall die Vollstreckung unbillig ist. Das ist bei K der Fall, da bei derzeitiger Mittellosigkeit innerhalb eines kurzen Zeitraums ein Geldzufluss zu erwarten ist. Die Vollstreckung wird in diesem Fall eingestellt oder beschränkt, eine bereits durchgeführte Vollstreckungsmaßnahme aufgehoben.

Einwendungen gegen den zu vollstreckenden Verwaltungsakt

Fall 146

K liest sich den bestandskräftigen Einkommensteuerbescheid 01, aufgrund dessen die Vollstreckung gegen ihn eingeleitet wurde, nochmals genauer durch. Hierbei entdeckt er, dass das Finanzamt steuermindernde Betriebsausgaben nicht anerkannt hat. Wird er mit dieser Einwendung im Vollstreckungsverfahren Erfolg haben?

Nein, denn nach § 256 sind Einwendungen gegen den zu vollstreckenden Verwaltungsakt (Einkommensteuerbescheid 01) mit den hierfür zugelassenen Rechtsbehelfen zu verfolgen. K hätte daher gegen den Bescheid fristgerecht Einspruch (§§ 347 ff.) einlegen müssen.

Lesen Sie in folgender Übersicht nochmals das Wichtigste zum Thema Vollstreckung:

Übersicht 20: Vollstreckung

Vollstreckungsvoraussetzungen nach § 254:

▶ Verwaltungsakte, mit denen eine **Geldleistung** gefordert wird

▶ **Fälligkeit** der Leistung

▶ Leistungsgebot (**Vollstreckungsandrohung**)

▶ **Verstreichen** der Vollstreckungsschonfrist (eine Woche) seit der Aufforderung

Gegebenenfalls Möglichkeiten der Einstellung oder Beschränkung der Vollstreckung prüfen

Lektion 18: Aufrechnung

Der Steuerpflichtige K, noch immer ziemlich „gebeutelt" von den gegen ihn stattgefundenen Vollstreckungsaktionen bzw. deren Abwendung, hat etwas von der Möglichkeit der „Aufrechnung" gehört. Was es damit auf sich hat und wie sie funktioniert, erfahren Sie in den folgenden Fällen:

Gleichartigkeit der Forderungen

Fall 147

K sieht seinen Papierkram durch und findet heraus, dass er einige Forderungen gegen das Finanzamt hat. Es handelt sich hierbei zum Einen um diverse Forderungen auf Steuererstattungen und zum Anderen auf einen Beseitigungsanspruch, den K gegen das Finanzamt wegen einiger in sein Grundstück ragender Äste hat. Kann er diese Forderungen mit Steuernachforderungen des Finanzamtes aufrechnen?

Die Forderungen mit bzw. gegen die aufgerechnet wird, müssen **gleichartig** sein („Leistungen, die dem Gegenstand nach gleichartig sind" (§ 226 Abs. 1 AO; § 387 BGB)). Da die Forderungen des Finanzamtes aus Steuerschuldverhältnis immer **Geldforderungen** sind, müssen auch die Forderungen des K Geldforderungen sein. K kann damit mit seinen Forderungen auf Steuererstattungen (Geldforderungen) aufrechnen, nicht jedoch mit seinem Beseitigungsanspruch.

Gegenseitigkeit der Forderungen

Fall 148

K hat gegen das Finanzamt eine Forderung auf Erstattung von KFZ-Steuer und das Finanzamt gegen ihn eine Forderung auf Umsatzsteuernachzahlung. K möchte von Ihnen wissen, ob eine Aufrechnung der beiden Forderungen gegeneinander möglich ist?

Voraussetzung für die Aufrechnung ist, dass **beide Forderungen zwischen denselben Personen** bestehen, dass also der Schuldner der einen Forderung der Gläubiger der anderen ist („schulden zwei Personen einander Leistungen" (§ 226 Abs. 1 AO; § 387 BGB)).

Auf Seiten des K ist dies unproblematisch zu bejahen.

Auf Seiten des Finanzamtes sind jedoch die ertragsberechtigten Körperschaften nicht identisch, da die KFZ-Steuer eine Landessteuer, die Umsatzsteuer jedoch eine Gemeinschaftssteuer ist.

Für diesen Fall sieht das Gesetz jedoch einen Ausweg vor, da gemäß § 226 Abs. 4 auch dann Gläubigeridentität besteht, wenn die Steueransprüche von derselben Körperschaft verwaltet werden.

Begriffsbestimmung: Haupt- und Gegenforderung

Fall 149

K ist etwas verwirrt. Er hat von den Begriffen Haupt- und Gegenforderung gehört und möchte wissen, was diese überhaupt bedeuten?

Die Hauptforderung (Passivforderung) ist die Forderung, gegen die aufgerechnet werden soll.

Die Gegenforderung (Aktivforderung) ist die Forderung, mit der aufgerechnet wird.

Da diese Begriffsbestimmung immens wichtig ist – und in der Klausur viele Punkte kosten kann –, wird sie hier noch mal bildlich dargestellt.

Übersicht 21: Haupt- und Gegenforderung

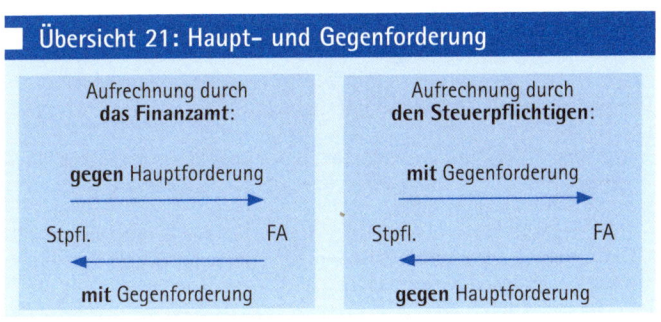

Erfüllbarkeit der Hauptforderung

Fall 150
Nachdem K jetzt den Begriff der Hauptforderung kennt, möchte er wissen, ob für die Aufrechnung diesbezüglich etwas zu beachten ist?

Die Hauptforderung muss erfüllbar sein („sobald er die ihm obliegende Leistung bewirken kann" (§ 226 Abs. 1 AO; § 387 BGB)). Dies ist bereits dann der Fall, wenn sie entstanden ist, so dass Festsetzung und/oder Fälligkeit der Forderung keine Rolle spielen.

Fälligkeit der Gegenforderung

Fall 151
Und, fragt K weiter, gilt das auch für die Gegenforderung?

Die Gegenforderung muss fällig sein („sobald er die ihm gebührende Leistung fordern kann" (§ 226 Abs. 1 AO; § 387 BGB)), so dass beispielsweise das Finanzamt mit einer gestundeten Forderung nicht aufrechnen kann.

Keine Aufrechnungseinschränkungen

Fall 152
Und, frag sich der langsam entnervte K, gibt es noch weitere Voraussetzungen für die Aufrechnung?

Die gibt es tatsächlich bereits kraft Gesetzes:

- Mit wegen Verjährung oder Ablauf einer Ausschlussfrist erloschenen Ansprüchen kann nicht aufgerechnet werden (§ 226 Abs. 2).

- Der Steuerpflichtige kann gegen Ansprüche aus dem Steuerschuldverhältnis nur mit unbestrittenen oder rechtskräftig festgestellten Gegenansprüchen aufrechnen (§ 226 Abs. 3).

Wirkung der Aufrechnung

Fall 153

Und was, möchte K als nächstes wissen, sind nun die Wirkungen der Aufrechnung? Was passiert mit seinem am 25.05.01 fälligen Einkommensteuererstattungsanspruch von 15.000 €, den er mit der am 13.02.01 entstandenen Umsatzsteuerforderung des Finanzamtes von 10.000 € aufgerechnet hat?

Die Aufrechnung bewirkt, dass die Forderungen, soweit sie sich betragsmäßig decken, von dem Zeitpunkt an als erloschen gelten, in dem sie einander erstmals zur Aufrechnung geeignet gegenüber getreten sind. Somit gelten beide Forderungen am 25.05.01 in Höhe von 10.000 € als erloschen, so dass dem K noch ein Restanspruch gegen das Finanzamt in Höhe von 5.000 € bleibt.

K freut sich, da dann ja wohl auch seine bisher angefallenen Säumniszuschläge wegfallen?

Hier hat sich K zu früh gefreut, denn die Säumniszuschläge bleiben bestehen (§ 240 Abs. 1 Satz 5).

Aufrechnungserklärung

Fall 154

K interessiert nun noch, wie die Aufrechnung formal zu erfolgen hat, schließlich möchte er nicht über irgendwelche Fallstricke stolpern?

Die Aufrechnungserklärung des Steuerpflichtigen ist eine formfreie, empfangsbedürftige Willenserklärung, die dem Finanzamt zugehen muss (§ 226 Abs. 1 AO; §§ 130, 388 BGB).

Und hat K die Möglichkeit, Anfechtungserklärungen des Finanzamtes anzufechten?

Nein, da die Anfechtungserklärung des Finanzamtes kein Verwaltungsakt ist, sondern die rechtsgeschäftliche Ausübung eines Gestaltungsrechts.

Bei Streitigkeiten über die Wirksamkeit der Aufrechnung wird ein **Abrechnungsbescheid** (§ 218 Abs. 2) erlassen, der dann mit dem Einspruch angefochten werden kann.

Übersicht 22: Aufrechnung

Folgende Voraussetzungen sind für die Aufrechnung von Forderungen zu beachten:

- Gleichartigkeit

- **Gegenseitigkeit**

- **Erfüllbarkeit** der **Hauptforderung** (Passivforderung)
  Forderung des Anspruchgegners

- **Fälligkeit** der **Gegenforderung** (Aktivforderung)
  Forderung des Aufrechnenden

- keine Aufrechnungseinschränkungen

Ein letzter – prüfungsentscheidender – Fall

■ Fall 155

Malermeister M hat den Auftrag, eine Hauswand zu streichen. Nach dem ersten Durchgang befindet sich zwar schon Farbe auf der Wand, der Anstrich ist jedoch noch ziemlich schwach und lückenhaft, zum Teil bröckelt er sogar wieder herunter.

Nach dem zweiten Anstrich wirkt die Farbe wesentlich intensiver, sie deckt die Wand nunmehr annähernd lückenlos und hält auch wesentlich besser. Was sagt Ihnen das?

Wiederholung festigt das Wissen und beseitigt Lücken.

Beim **nochmaligen Durcharbeiten** des Buchs werden Sie merken, dass Sie bereits einiges an Wissen angesammelt haben und Sie werden zu manchen Punkten den „Aha-Effekt" haben. Und das Wissen bleibt Ihnen viel länger erhalten.

Und bei **weiteren Wiederholungen** werden Sie merken, dass Sie viele Gebiete nur noch anhand der „blauen" Stichwörter überfliegen brauchen und lediglich bei Unklarheiten nochmals „tiefer" einsteigen müssen – so wie der Maler M, der zur Abrundung des Gesamtwerkes einige wenige schadhafte Stellen beseitigt.

Sachregister

A
Änderungsklage	84
Änderungsvorschriften	49 ff.
Anfechtungsklage	83 f.
Aufhebungsklage	84
Aufrechnung	120 ff.
Auslandssachverhalte	25
Außenprüfung	99
– Mitwirkungspflichten	101
– Prüfungsanordnung	100
– Prüfungsbericht	101
– Prüfungsgrundsätze	101
– Schlussbesprechung	101
– Verbindliche Zusage	102
– Zulässigkeit	99

B
Bekanntgabe	36
Berichtigung	41, 55
Beteiligte	23

D
Drei-Tages-Fiktion	28
Drei-Tages-Schonfrist	15

E
Einspruch	72
– Änderungsbescheid	78, 80
– Aussetzung der Vollziehung	81
– Begründetheit	78
– Beschwer	75
– Bevollmächtigte	77
– Bindungswirkungen	79
– Form	73
– Handlungsfähigkeit	77
– Ort	75
– Präklusionsvorschriften	80
– Statthaftigkeit	72
– Verböserung	80
– Vertretung	77
– Zulässigkeit	70
Einspruchsbefugnis	69
Einspruchsentscheidung	81
Einspruchsfrist	74
Einspruchsrücknahme	77
Einspruchsverfahren	70
Einspruchsverzicht	77
Ermessen	20
Ermessensfehler	21
Ermessensreduzierung auf Null	21

F
Festsetzungsverjährung	58
Feststellungsbescheid	34, 38
Feststellungsklagen	86
Fortsetzungsfeststellungsklagen	88
Fristen	28

G
Gestaltungsklagen	84

H
Haftung	63
– des Betriebsübernehmers	66
– des Vertreters	63
Haftungsbescheid	67

K
Klage	83
– Änderungsbescheid	97
– Anderweitige Rechtshängigkeit	95
– Aussetzung der Vollziehung	97
– Entgegenstehende Rechtskraft	95
– erstinstanzliches Verfahren	96
– Finanzrechtsweg	90
– Form	92
– Inhalt	92
– Prozessfähigkeit	94
– Statthaftigkeit	92
– Urteil	97
– Vertretung	94
– Vorverfahren	92
– Zulässigkeit	90

Sachregister

– Zuständigkeit	90
Klagearten	83
Klagebefugnis	94
Klagefrist	93
Klagerücknahme	95
Klageverfahren	83
Klageverzicht	95
Korrekturvorschriften	40
Kosten	18

L
Leistungsklagen	85 f.

M
Materielle Fehler	55
Mitwirkungspflichten	24

N
Nachprüfungsvorbehalt	45
Neue Beweismittel	49
Neue Tatsachen	49
Nichtigkeitsfeststellungsklage	87
Nichtzulassungsbeschwerde	98

O
Offenbare Unrichtigkeit	41

R
Rechtsbehelfsverfahren	70
Revision	97 f.
Rücknahme	42

S
Säumniszuschlag	14
Schlichte Änderung	48
Sprungklage	89
Steueranspruch	8
– Entstehung	8
– Fälligkeit	9
Steuerbescheid	33
Steuergeheimnis	25
Steuergläubiger	8
Steuerliche Nebenleistungen	11, 18
Steuerschuldner	8
Steuerstrafrecht	110
– Festsetzungsfrist	113 f.
– Leichtfertige Steuerverkürzung	114
– Selbstanzeige	111, 114
– Steuerhinterziehung	110
– Verfolgungsverjährung	113, 115
Steuerverwaltungsakte	32

U
Untätigkeitsklagen	89
Unterlassungsklage	85
Untersuchungsgrundsatz	24

V
Verbindliche Auskunft	105
– Bindungswirkung	107
– Formvorschriften	105
– Gebühren	108
Verfahrensgrundsätze	23
Verhältnismäßigkeitsgrundsatz	21
Verjährung	58
Verpflichtungsklage	85
Verspätungszuschlag	11
Vertrauensschutz	55
Vollstreckung	116
– Beschränkung	117
– Einstellung	117
Vollstreckungsvoraussetzungen	116
Vorläufigkeitsvermerk	46
Vornahmeklage	85
Vorverfahren	92

W
Widerruf	44
Widerstreitende Steuerfestsetzungen	52
Wiedereinsetzung	29
Wirksamkeitsvoraussetzungen	36

Z
Zahlungsverjährung	61
Zinsen	13
Zwangsgeld	16 ff.

leicht gemacht ®

Einkommensteuer – *leicht gemacht* ®

Übersichtlich – kurzweilig – einprägsam
von Rechtsanwältin, Fachanwältin für Steuerrecht Annette Warsönke

Ein erstaunlich umfassendes Taschenbuch. Hier werden Lohn- und Einkommensteuer von einer erfahrenen Steueranwältin vermittelt. Aus dem Inhalt:

- Sonderausgaben und Verlustausgleiche
- Veranlagungen und Steuerermäßigungen
- Bewertungen und Abschreibungen
- Gewinneinkünfte und Überschusseinkünfte

Ein Erfolgsbuch. Es überzeugt durch seine klare Sprache. Zahlreiche Beispielfälle ermöglichen die schnelle Auffassung. Unverzichtbar für den Erfolg in Prüfung und Praxis.

Körperschaftsteuer – *leicht gemacht* ®

Das KStG: Übersichtlich – kurzweilig – einprägsam
von Rechtsanwältin, Fachanwältin für Steuerrecht Annette Warsönke

Dieses Lehrbuch vermittelt in leicht verständlicher und bewährt fallorientierter Weise Grundlagen und Systematik der Körperschaftsteuer. Aus dem Inhalt:

- Steuerermittlung und Steuerbefreiungen
- Gewinnausschüttungen, Einlagen und Aufwendungen
- Beteiligungen, Verlustabzüge und Zinserträge
- Organschaft und Liquidation

Der schnelle Zugang zur Einkommensbesteuerung von Körperschaften, Personenvereinigungen und Vermögensmassen.
Ihr Plus: 12 Leitsätze und 14 Übersichten.